Im Hinterzimmer des Lebens

Die Deutsche Nationalbibliothek verzeichnet diese Publikation in der Deutschen Nationalbibliografie; detaillierte bibliografische Daten sind im Internet auf der Seite https://portal/dnb.de/opac.htm abrufbar.

Texte und Layout: Karl Miziolek
Coverbild: Roswitha Geisler
https://roswithageisler.wordpress.com

Verlag und Herstellung:
BoD – Books on Demand,
Norderstedt
ISBN 9783752646634
© Karl Miziolek 2020

Karl Miziolek

Im Hinterzimmer des Lebens

Kurzgeschichten

Inhalt

Auf ein Neues

Langsam, aber unaufhaltsam machte sich mein sexueller Notstand bemerkbar. Ich war reizbar und unwirsch, selbst zu meinen besten Freunden. Zwei Versuche, zwei Abfuhren in den letzten drei Wochen hatten deutliche Spuren hinterlassen.

Ich war überzeugt, dass auch das beste Produkt ohne Werbung ein Ladenhüter bleiben musste und dass dies besonders für Menschen galt. Es würde sicher klappen, wenn ich meine Masche mit dem Humor weiter ausbaute, mehr in die freche Richtung.

Natürlich spielte die Umgebung eine Rolle, sie musste zum Angebot passen. Fitnessstudio und Shopping Mall waren eine Pleite gewesen.

Nächster Versuch: der Frisör. Natürlich durfte es nicht so ein Vorstadt-Billigladen sein. Also doch eher ein Friseur, der sich der französischen Noblesse seiner Berufsbezeichnung bewusst war, besser noch ein Coiffeursalon, oder am allerbesten: ein Hairstyle-Studio. Wenn schon, denn schon.

Meine verpaarten Freunde meinten zwar immer, ich dürfe die Erwartungen nicht zu hoch schrauben. Sie selbst waren mehr oder weniger über ihre Partner gestolpert und glaubten daraus für mich den Spruch „Wer nicht sucht, der findet" als Motto ableiten zu dürfen. Aber worüber ich bisher gestolpert war, das waren nur Steine. Ganz im Gegenteil, ich erschien mir als Single buchstäblich dazu verdammt, genau und gezielt zu suchen. — „Also, auf zum Friseur!", machte ich mir Mut. Ich parkte mein Auto genau vor dem angeblich zurzeit angesagtesten Haarkünstler der Stadt.

Auf der Straße empfing mich schon geschmeidige, schwerelose Lounge-Musik. Sie sollte vermutlich den Passanten deutlich machen: Hier bekommst du mehr als nur eine neue Frisur, hier bekommst du ein neues Lebensgefühl. Das war genau, was ich brauchte.

Am Empfang erwartete mich ein schwarzer Lockenkopf. Das fängt ja vielversprechend an, dachte ich, während mein Blick in Sekundenschnelle an ihrem wohlgeformten Körper hinunterglitt.

„Hi, na, was können wir für dich tun?"

Klar, in solchen Schickimicki-Salons wurde nicht gesiezt.

„Meine Haare schneiden", sagte ich und grinste frech, getreu meinem neuen Motto.

„Na, das werden wir sicher hinbekommen", lachte sie. Endlich eine, die lachte und nicht gleich den Mund verzog, wenn ich so erfrischend geistreiche Antworten gab.

Sie fragte mich, ob ich zu jemand Bestimmtem wollte.

„Am liebsten zu jemandem, der das Handwerk gelernt hat", sagte ich und zwinkerte ihr zu.

„Sollte hier zu finden sein. Setz dich in die Lounge, meine Kollegin kommt dann gleich zu dir. Möchtest du etwas trinken?"

„Ja, einen Kaffee, Milch und Zucker, bitte."

Sie ging zum Kaffee-Vollautomaten, der

hinter ihr in einer Ecke stand, und ich ließ mich in die weichen Polster des schwarzen Ledersofas fallen, das den größten Teil der Lounge beanspruchte. Diese Dinger sahen aus, als würden sie extra für Arztpraxen mit Privatpatienten-Klientel und für Haarstudios der oberen Preisklasse gebaut, riesig, hässlich wie die Nacht, aber einschläfernd bequem.

„Bitte sehr, dein Kaffee", sagte der Lockenkopf und reichte mir die Porzellantasse. Hier gab es natürlich keine Pappbecher. Da sah ich den Ring an ihrem Finger. Ein Ehering?

„Jenny bedient gerade einen Kunden – ist dann aber gleich bei dir", flötete sie.

Warum musste ich bei dieser Wortwahl an ein Puff denken? „Susi bedient gerade einen Kunden, ist dann aber gleich für dich frei ...." Ich wartete nicht lange.

„Hi, ich bin Jenny, wollen wir?"

„Zu dir oder zu mir?", sagte ich frech. Den Lockenkopf, wahrscheinlich liiert oder verheiratet, hatte ich schon abgehakt.

„Ein Scherzbold, ich seh' schon, mit dir wird es lustig", grinste sie. Jenny trug ein gelbes T-Shirt, selbstverständlich und deutlich erkennbar keinen BH, was meiner Fantasie gleich wieder Flügel verlieh, sowie eine enge schwarze Hose.

Alles war knapp bemessen, nur das Make-up nicht. Ihr Gesicht sah aus, als wäre sie Stammkundin mehrerer Drogeriemärkte und nutzte regelmäßig deren Sonderangebote „Kauf eins, nimm drei".

Ich nahm auf dem Stuhl Platz und ließ die übliche Prozedur mit Umhang usw. über mich ergehen, dann produzierte sie ihr fröhlichstes Lächeln und fragte mein Spiegelbild: „Wie soll's denn werden?"

Ich ließ mich nicht lange bitten.

„Na, kürzer." Sie stieß einen kurzen Lacher aus. „Was, keine Extension?", kicherte sie. Dann wurde sie ernst. „Lass bloß die blöden Witze, während ich schneide", ermahnte sie mich, „Sonst garantiere ich für nichts. Ich bin impulsiv."

Sie schnitt zuerst die Seiten, dann ging es zum Waschen. Ich war völlig entspannt, Kopf- und Fußmassagen waren für mich einfach das Größte.

„Ist das Wasser so okay?"

„Ich kenne den pH-Wert nicht, aber etwas zu heiß ist es schon."

„Oh, sorry." Sie verringerte die Temperatur. „Besser so?" – „Perfekt!", flüsterte ich mit geschlossenen Augen.

Immer, wenn ich total entspannt war, verschwand auch meine Angst zu versagen, was nicht immer so günstig für mich war, wie es klang.

„Sag einmal, wann machst du hier Schluss?", fragte ich ein bisschen von oben herab. Sie sollte das Gefühl haben, dass ich ihr einen Gefallen tat.

„Mein Freund holt mich um sechs ab. Warum?"

„Ach, nur so." Korb Nummer drei. Kurz, aber nicht schmerzlos.

Jenny musste aus Versehen den Wasserhahn verstellt haben, ein Schwall heißes Wasser verbrannte mir fast den Schädel. Der Verdacht lag nahe, dass es Absicht war. Unterbrochen wurde die folgende Stille, nachdem ich meinen Körper und den dampfenden Schädel zurück auf den Frisierstuhl verfrachtet hatte, nur durch ein paar professionelle Bemerkungen. Jenny nahm ein Bündel Haare zwischen ihre Finger und zeigte mir mit der Schere, wo sie zu schneiden beabsichtigte: „So viel?"

Ich machte kurz die Augen auf.

„Wird schon passen", murmelte ich. Mein Humor und meine Frechheit, die ich mir umgeschnallt hatte, waren irgendwie weggebrannt.

Wenige Minuten später war ich wieder frei.

„Nein, bloß das nicht!", rief ich auf die obligatorische Frage, ob ich Gel in die Haare wollte. Der Spuk war vorbei.

Um 30 Euro ärmer stand ich, mit feinen Härchen im Hemdkragen, wieder auf der

Straße und hörte diese fürchterliche Musik. Versuch Nummer drei konnte ich ebenfalls abhaken.

Das verflixte 7. Jahr

Elise kam müde vom Büro nachhause, warf ihre Tasche und die Autoschlüssel auf den Tisch im Wohnzimmer und ließ sich auf das Sofa fallen.

Aus der Küche kam Vince, ihr Mann, mit der Gießkanne in der Hand.

„Hallo Schatz", rief sie. „Was für ein Tag! Schrecklich! Es scheinen nur mehr Idioten auf der Welt herumzulaufen."

Dann sah sie auf die Uhr. „Wieso bist du eigentlich schon da?"

„Ich konnte eine frühere Maschine nehmen." Er goss die paar Blumen, die am Fenster standen.

„Und, wie war's?", fragte sie.

„Liebling, tröste dich, auch nicht besser als

bei dir, eigentlich war Antwerpen völlig umsonst, die Besprechung, die wurde zweimal verschoben und dann abgesagt, ich konnte lediglich einen Kunden besuchen." Vince war für eine Handelsagentur tätig.

„Möchtest du etwas trinken?", fragte er.

„Ja gerne, mach mir bitte ein Soda-Zitrone."

Vince ging in die Küche und mixte das Getränk. Elise beobachtete ihn, als er mit gebeugtem Rücken die Zutaten zusammensuchte. Manchmal sah er viel älter aus als er war. Wie sehe ich wohl für ihn aus, dachte sie. Sie waren bald sieben Jahre verheiratet und hatten erst einmal Urlaub gemacht. Beruf, eine größere Wohnung, dann dieses Haus. Sie waren Arbeitstiere, beide. Aber irgendwann musste man zu leben begin-

nen, am besten noch, bevor man tot um-
fiel.

Vince brachte ihr den Drink, öffnete sich ein
Bier und setzte sich zu Elise auf das Sofa.
Sie sah ihn an und lächelte geheimnisvoll.
„Ich habe eine Überraschung für dich", sag-
te sie. Er runzelte die Stirn.

„Bist du schwanger?"

„Aber nein." Sie nahm sich vor, seine Reak-
tion nicht besonders ernst zu nehmen.
Er lächelte.

„Ich hab auch eine Überraschung."

„Ok, aber ich zuerst!", rief sie eifrig wie ein
Schulkind. „Schatz, wir hatten uns doch
schon lange vorgenommen, dieses Mal un-
seren Hochzeitstag besonders zu feiern,
quasi die Hochzeitsreise nachzuholen, Au-
ßerdem ist die Sieben deine Glückszahl."

„Das wollte ich auch gerade sagen —" Er

wollte gleich weiterreden, aber sie ließ sich nicht beirren und fuhr fort: „Weißt du noch, die Gasparis, die in Venedig die schöne Wohnung haben?"

„Was ist mit ihnen?"

„Sie würden uns die Wohnung am Wochenende, wenn wir Hochzeitstag haben, überlassen", verkündete Elise feierlich, „Sie sind ohnehin nicht da. Ist das nicht großartig? Ich wollte immer schon nach Venedig, du doch auch? Was hältst du davon?"

Sie hatte erwartet, dass sein Gesicht zumindest ein wenig aufleuchten würde, denn er hatte immer eingestimmt, wenn sie von Venedig geschwärmt hatte. Stattdessen seufzte er.

„Die Idee ist ganz toll", fand er, „Aber das Timing nicht. Wollen wir Venedig nicht noch ein wenig verschieben, sagen wir, auf den Herbst? Denn während meines Aufenthaltes in Antwerpen kam mir die Idee, unseren 7. Hochzeitstag in Antwerpen zu feiern. Es ist so eine schöne Stadt. Machst du mir die Freude?"

Venedig versank wieder einmal. Wirklich begeistert war sie nicht.

„Schatz, warum nicht", gab sie sich einen Ruck. „Hauptsache, wir kommen aus diesem beruflichen Wahnsinn heraus."

Er bekam einen Kuss auf die Wange. „Mach die Augen zu!", bat er Elise. Sie gehorchte. „Und jetzt auf!"

Vince zeigte ihr die Buchung.

„Die Lady-Lucy-Suite vom 6. bis 8. Juli im Hotel De Baron. Schon alles erledigt", lachte er. Elise schmiegte sich eng an ihn. „Ach Schatz, trotz aller Widrigkeiten bin ich sehr glücklich mit dir."

„Ich mit dir auch, mein Liebling."

Er zog sie an sich und küsste sie leidenschaftlich. Auch Vince hatte genug davon, vor lauter Arbeit das Leben zu versäumen. Es waren zwar nur zwei Tage in einer fremden Stadt, aber das sollte der Anfang eines neuen gemeinsamen Lebensgefühls werden, das sie sich nun endlich leisten konnten. Bis jetzt waren sie lediglich jedes Jahr in ihrer Kleinstadt in das einzige gute Restaurant zum Abendessen gegangen.

Dieses Wochenende sollte für Elise unvergesslich werden, nahm er sich vor. Und als Nächstes – Venedig! Natürlich hatte er in der Stadt der Diamanten bereits ein besonderes Präsent für Elise gekauft, das er ihr am Morgen des Hochzeitstags überreichen wollte. Vince, der die Stadt schon kannte, weil er dort immer wieder beruflich zu tun hatte, wollte Elise Antwerpen zeigen – den Bahnhof Antwerpen-Centraal, den Zoo, den Grote-Markt-Platz mit dem Rathaus oder die bekannte Einkaufsstraße Meir.

Nachdem sie am 6. Juli am späten Nachmittag im De Baron eingecheckt hatten, meinte Vince: „Heute ist es schon zu spät, aber gleich morgen in der Früh gehen wir los, und ich zeige dir die schönsten Ecken von Antwerpen."

„Ich kann es kaum erwarten, Schatz", sagte sie und küsste ihn zärtlich. Er sollte nicht das Gefühl haben, dass sie ihm einen Gefallen tat. Sie fanden ein nettes Restaurant in der Nähe des Hotels und gingen bald danach zu Bett.

Elise war das Reisen nicht gewohnt und

müde und abgespannt von der Flugreise, die hauptsächlich aus Warten und Gedränge bestanden hatte, sie schlief bald ein. Vince konnte nicht einschlafen. Zu aufgewühlt war er, weil er es geschafft hatte, mit Elise aus ihrer Tretmühle zu entkommen, wenn auch nur für kurze Zeit. Die Jahre zuvor hatten sie gekämpft, nun würden sie endlich beginnen, die Früchte dafür zu ernten. Er lag wach.

Es war schon nach Mitternacht, und er blickte zu ihr hinüber. Elise schlief tief und fest, mit einem Lächeln im Gesicht, wie man sich eben einen Engel vorstellte. Der fahle Schein der Straßenbeleuchtung ließ ihr blondes Haar wie Gold schimmern. Vince stand auf und öffnete das Fenster. Draußen Stille, keine Bewegung. Obwohl Sommer war, erschien es ihm plötzlich irgendwie kühl.

Hoffentlich stehen morgen die sieben gelben Teerosen, die Elise so liebt, auf dem Frühstückstisch, dachte er. Er hatte darum schon bei der Bestellung gebeten. Sicher ist sicher, beschloss er, ich werde noch einmal nachfragen. Nochmals blickte er hinüber zu Elise, aber sie schlief wie ein Murmeltier.

Er stand auf, schlüpfte schnell in Hemd und Hose und ging in Pantoffeln hinunter zur Rezeption. Die Rezeption war unbesetzt. Es gab eine Klingel, aber er scheute sich, sie zu benützen. Er wollte nicht, dass eventuell jemand deswegen extra aufstehen musste. Vince probierte aus, ob die Tür versperrt war. Sie ließ sich öffnen, und er trat hinaus, um ein wenig frische Luft zu atmen. Da hörte er ein leises Winseln. Jemand hatte an den Baum vor dem Hotel einen kleinen Hund angebunden.

„Na, wer bist denn du?", fragte er das Hündchen sinnloserweise und beugte sich zu ihm hinunter.

Ein lauter Knall ließ Elisa hochfahren. Sie wusste im ersten Moment gar nicht, wo sie war und brauchte eine Weile, um sich zu orientieren. Verwirrt stand sie auf und ging zum Fenster.

„Komisch, das war doch gestern Abend noch zu?", murmelte sie.

Genau unter dem Fenster sah sie ein rauchendes Autowrack, ein wirres Durcheinander aus Metall, Glas, Stoff, Ästen und etwas anderem, das sie nicht ausmachen konnte.

„Vince, Vince! Ein schrecklicher Unfall", rief

sie und drehte sich zum Bett um. Das Bett war leer.

„Vince?" rief sie. Wahrscheinlich war er im Bad. Doch auch das Badezimmer war leer. „Vince?" Immer eindringlicher wurden ihre Rufe. Sie öffnete die Tür zum Gang. Vince war nicht zu finden. Dann hörte sie die Sirenen. Nicht darauf achtend, dass sie nur ihr Nachthemd anhatte, stürmte sie die Treppe hinunter. Ein paar Menschen standen bereits draußen auf der Straße. Sie sah einen Mann mit weißem Hemd und blauer Hose auf einer Trage liegen, der eben zugedeckt wurde. Auf dem Gehsteig lag ein Pantoffel.

Der Koffer

Nelson schob den Koffer über die Schwelle seiner Wohnungstür. Er schloss die Tür, ließ sich aufs Sofa fallen und atmete tief durch. Geschafft.

Er war sechzehn Stunden von Singapur unterwegs gewesen und diese Reise hatte ihn viel Kraft gekostet. Es war schon sein zweiter Auslandsaufenthalt in diesem Monat. Wenn er nachts in einem dieser immer gleichen Hotels wach lag, dachte er an seine Mutter, die allein zurechtkommen musste, daran, wo seine Freunde wohl waren, und an all die anderen Momente, die er im Leben verpasst hatte. Er hatte geglaubt, dass er wusste, worauf er sich einließ. Vor zwei Jahren hatte er sich für diesen Job entschieden, er war jetzt 25, wollte die Welt bereisen und verschiedene Kulturen kennenlernen. Dass die Realität anders aussah, hatte er nie im Leben erwartet.

Seufzend stand er auf und ging zur Küchenzeile seiner Garçonnière, um sich ein Glas Wasser zu holen. Die Luft in der Kabine, die Hektik des Flughafens, die Klimaanlage im Taxi hatten seinen Mund ausgetrocknet. Nelson füllte das Glas mit Leitungswasser, mehr hatte er nicht zuhause. Jetzt begann auch noch sein Magen zu knurren. Der Snack, den er im Flugzeug noch vor der Landung bekommen hatte, war nicht besonders üppig gewesen. Er war zu müde, um noch einmal wegzugehen, also rief er einen Pizzaservice an. Er lachte. Musste er eben seine Rückkehr bei Pizza und Wasser feiern. Jetzt noch den Koffer ausräumen, dann ist es genug für heute, dachte er. Er hob den Koffer auf die Couch und stutzte. Erst jetzt fiel ihm das rote Bändchen am Griff auf. Er betrachtete den Koffer noch einmal genau. Der hatte zwar dieselbe Farbe wie seiner, war aber nicht so abgewetzt. Eine Beule, die vor einem Jahr bei einem hektischen Check-in entstanden war, fehlte genauso wie der Nagellackfleck bei einem der Schlösser, den ihm eine hübsche, aber sehr ungeschickte Studentin verpasst hatte. „Sch…“, sagte er. Wie konnte das passieren. Er schob es auf seine Müdigkeit. Dieser Auslandsaufenthalt hatte ihn fertiggemacht, obwohl er sonst nie Probleme hatte. Im graute schon vor den Unannehmlichkeiten, die jetzt auf ihn zukamen. Wo war sein Koffer, wann würde er ihn wieder zurückbekommen? Er würde sich morgen darum kümmern, heute nicht mehr, beschloss er. In diesem Moment klingelte es an der Tür. Der Pizzaservice brachte die Bestellung. Nelson machte es sich auf der Couch neben dem Koffer bequem und begann seine Pizza zu verzehren. Doch immer wieder dachte er an den Koffer. Wem der wohl gehörte? Vorsichtig drückte er auf eines der Schlösser und fand, dass es nicht versperrt war. In fremden Sachen herumzustöbern lag ihm zwar nicht und würde ihm ein schlechtes Gewissen bereiten. Doch nach kurzem Zögern überwog die Neugierde. Die Wäsche, die säuberlich geschlichtet und festgezurrt war, ließ auf eine Frau schließen. Einfach und elegant, nichts Modernes, nichts Schreiendes, vermutlich eine ältere

Dame. Ganz oben lag ein kleines, in Leder gebundenes Buch. Er hielt es für ein Notizbuch oder einen Kalender. Jetzt war seine Neugierde vollends entbrannt, schlechtes Gewissen hin oder her. „12. Mai 1965", stand auf der ersten Seite ganz oben links, und darunter: „Das war ein wunderschöner Tag mit Ron …" Jetzt war ihm klar, es war ein Tagebuch. Die kleine verschnörkelte Schrift erinnerte ihn an die seiner Mutter, hätte aber auch von Tante Gundula sein können oder von irgendwem aus dieser Generation. Seltsam, dachte er, da wurde viel Zeit darauf verwendet, sich selbst Briefe zu schreiben, die sie wahrscheinlich selbst nie lesen.

Er würde das jetzt aber tun.

Nelsons Müdigkeit war verschwunden. Das Gefühl, wie ein Unsichtbarer aus nächster

Nähe ein fremdes Leben zu erforschen, reizte ihn. Er erfuhr über viele Seiten hinweg, was die Schreiberin mit Ron erlebt und was sie für ihn empfunden hatte. Offensichtlich waren sie ein Liebespaar und hatten eine schöne Zeit miteinander verbracht.

„17.6.1966 – gestern war der schönste Tag in meinem Leben! Mein Baby wurde geboren!"

„Zufälle gibt's", lachte Nelson. Der 17. war auch sein Geburtsdatum.

In ein paar Tagen, so schrieb sie weiter, müsse Ron wieder nach Amerika zurück. Dann brach der Kontakt ab, sie beklagte sich, dass Ron nichts von sich hören ließ, und der nächste Eintrag meldete einige Jahre später, dass Ron endlich einen Brief geschrieben habe: Er sei inzwischen Chef einer großen Firma, sei verheiratet und habe zwei Kinder. Sie schrieb, sie habe Ron von ihrem Sohn berichtet, den sie „Knuddel" nannte. Es klang nicht verbittert, der Kleine schien ihr über die Zeit ohne Ron ziemlich hinweggeholfen zu haben.

Nelson musste lachen. Auch seine Mutter nannte ihn manchmal so. In der Pubertät hatte er das natürlich abgelehnt, ziemlich aggressiv, er hatte alle ihre Kosenamen abgelehnt, danach hatte es ihm leid getan, wie vieles, das er gesagt und getan hatte, um sich von ihr abzugrenzen.

Der Knuddel im Tagebuch hatte sich offenbar viel besser benommen, es stand nur Gutes über ihn darin. Sie habe Ron geschrieben, wie groß ihr Sohn schon geworden sei und dass er ihm immer ähnlicher werde. Irgendwann war von einem erfolgreichen Studium die Rede. Nelson starrte auf die Zeilen. Er hatte seines abgebrochen, seiner Mutter hatte er davon nichts gesagt.

Der Kontakt blieb aufrecht und vertiefte sich sogar wieder. Sie trafen sich nun jedes Jahr einmal für ein Wochenende in Berlin. „Was für eine Liebesgeschichte", sagte Nelson. Er blätterte weiter. Der letzte Eintrag war vom 25.6.1993, das war heute.

„Wieder ein wunderschönes Wochenende mit Ron. Ich versprach ihm, Knuddel endlich zu sagen, wer sein Vater ist." Nelson dachte nach. Er kannte seinen Vater auch nicht. Wie er wohl reagieren würde? Aber seine Mutter war von Liebesgeschichten so weit weg wie der Mond. Sie fuhr zwar gern weg, traf aber immer nur die ewig gleichen alten Tanten, mit denen sie dann, egal in welcher Stadt, im Park Spaziergänge machte oder in Buchläden stöberte.

Das Telefon riss ihn unsanft aus seinen Betrachtungen.

„Ja?", sagte er unwirsch.

Es war seine Mutter.

„Nelson, stell dir vor", plauderte sie gleich los. „Ich war übers Wochenende in Berlin, wie jedes Jahr um diese Zeit. Bei der Gepäckausgabe habe ich unglaublich lange auf meinen Koffer warten müssen, dachte schon, er kommt überhaupt nicht mehr. Er war der allerletzte, der rauskam, und beschädigt haben sie ihn auch noch, er hat Dellen, ist fleckig, das rote Bändchen ist verschwunden...

Ich werde mich beschweren! Und jetzt

komm ich zuhause an und merke, dass er zugesperrt ist! Ich glaube, das ist gar nicht mein Koffer!"

Das erste Mal

Sebastian erwachte aus einem komaähnlichen Schlaf mit einem so völlig ausgetrockneten, verklebten Mund, dass er Schwierigkeiten hatte, ihn zu öffnen.
Sein Kopf lag wie ein Betonklotz auf dem Kopfpolster. Der Versuch, ihn ohne Kran anzuheben, scheiterte kläglich.

Was war geschehen? Langsam kam die Erinnerung wieder, zumindest zu ein paar wichtigen Details. Am Abend hatte er für Herbert, dem seine Frau wieder einmal den Laufpass gegeben hatte, an der Tankstelle aus Solidarität den billigsten Fusel zusammengekauft, dann hatten sie sich gemeinsam dem Trunk und ihren Fantasien hingegeben, wie schön das Leben doch wäre, nähmen es Frauen mit der Treue der Männer nicht so genau.

Wie er heimgekommen und wo Herbert geblieben war, blieb im Dunkeln. Da ihm sogar das Nachdenken wehtat, ließ er es lieber sein.

Es gab ohnehin Wichtigeres. Der Vormittag war glücklicherweise noch nicht allzu weit fortgeschritten. Bis zum Nachmittag musste der Dusel verschwunden sein, denn Sebastian hatte um vier im Café Prückel ein Date. Noch dazu ein Blind Date. Sein erstes! Nicht, dass er nicht versucht hätte, ihr Bild im Internet zu finden. Es gab aber offenbar noch Menschen, denen es nicht besonders wichtig war, sich ins virtuelle Schaufenster zu stellen. Er wusste allerdings, dass er

nicht irgendeinem pickeligen Dreizehnjäh-
rigen auf den Leim gegangen war, denn er
hatte schon mit ihr telefoniert.

Er versuchte sich aufzurichten. Das Zimmer
wackelte hin und her wie eine Schiffsschau-
kel. Er schleppte sich trotzdem ins Bad und
fuhr erschrocken zurück. Sein Spiegelbild
starrte ihn böse an. Es sah wirklich schlimm
aus, blass, aufgedunsen, hatte Ringe unter
den Augen, blau und groß wie Pflaumen.
Das konnte er niemandem zumuten. Vor
allem, weil die arme Frau extra aus Tirol
kam und sicher fluchen würde, wenn sie
einem Mann gegenübersaß, der eher einer
Leiche glich als einem feurigen Liebhaber.
Als er sich peinlich berührt vom Spiegel
wegdrehte, verlor er das Gleichgewicht und
fiel in die Badewanne. Das musste ein Wink

des Schicksals sein, ein Bad zu nehmen, was er eigentlich nie tat. Gut, den Versuch zu duschen würde sein Drehschwindel ohnehin damit beenden, dass er wie ein Käfer auf dem Rücken lag. Er sah schon die Schlagzeile in der lokalen Zeitung: „Rätselhafter Tod in der Badewanne".

Er hatte sowieso alle Mühe, sich wachzuhalten. Das warme Wasser bekam ihm aber auch nicht gut. Er musste gegen die aufkommende Übelkeit ankämpfen wie ein Schwimmer gegen die Strömung.

Über die Frau, mit der er sich einige Stunden später treffen sollte, wusste er eigentlich gar nichts, außer, dass sie in Tirol lebte. Ihr Chat lag schon einige Wochen zurück, und ganz genau konnte er sich an die Schreiberei nicht mehr erinnern. Sie hatten danach noch drei oder vier E-Mails gewechselt und zweimal telefoniert. Er hatte vorsichtig zum Ausdruck gebracht, dass er sie gerne auch real treffen würde. Offenbar hatte sie denselben Wunsch, denn kurz darauf kündigte sie an, dass sie nach Wien kommen würde und ein Treffen schön fände. Wenn er das Treffen vorgeschlagen hatte, musste sie ihn auf irgendeine Weise fasziniert haben. Er erinnerte sich an ihre äußerst erotische Stimme. Ja, das musste es gewesen sein. Trotzdem war ihm nicht wohl dabei. Was, wenn er sie trotz ihrer tollen Stimme nicht attraktiv fand? Oder sie ihn, was er allerdings normalerweise für wenig wahrscheinlich hielt. Vielleicht fanden sie kein Gesprächsthema und schwiegen sich nur an? Verkäme die Stille dann von knisternder Erwartung zu einer lähmenden Peinlichkeit, würde er in der Toilette verschwinden, Herbert anrufen und ihn bitten, ihn in 5 Minuten zurückzurufen. Der Anruf würde ihn dann unerwartet ans Krankenbett seiner Mutter oder ins Büro seines Chefs rufen... Dann nur noch sich entschuldigen, die Rechnung begleichen und die Flucht ergreifen.

Er hätte auf dem Weg zum Café am liebsten umgedreht. Er hasste Small Talk und fürchtete noch mehr die zweite, in seinen Augen viel wahrscheinlichere Gefahr: Was, wenn sie eine von jenen war, die so viel quatschten, ohne Atem zu holen, dass man sie einfach nicht mehr loswurde?

Das Café war ziemlich gut besucht. Ein Tisch wurde gerade frei und Sebastian nahm Platz, dabei schaute er sich im Lokal um, ob sie schon da sei. Als Erkennungszeichen hatten sie eine rote Bluse und ein grünes Hemd ausgemacht. Ihre Bluse war leuchtend rot, er hatte natürlich vergessen, das grüne Hemd anzuziehen. Sie saß ein paar Tische weiter. Ihre Blicke trafen sich. Sie erkannte Sebastian sofort. Er sieht genauso aus wie auf dem Foto, das ich im Internet gefunden habe, dachte sie. Sie winkte ihm zu und deutete ihm, zu ihr zu kommen. Er setzte ein lachendes Gesicht auf und sah sie währenddessen prüfend an. Na ja, es geht so, dachte er, aber von wahnsinnig sexy, wie ich das nach ihrer Stimme erwartet hätte, ist nicht viel zu sehen. Schlank, sportlich, sympathisch, aber ... er schluckte.

„Hallo! Lernen wir uns endlich richtig kennen. Ich bin Sabine", begrüßte sie ihn, als er an den Tisch trat, und streckte ihm die Hand entgegen. Ja, da war sie, diese wahnsinnig erotische Stimme.

„Hallo. Und ich bin Sebastian."

Kaum hatte sich Sebastian gesetzt, trat der Ober an ihren Tisch: „Haben die Herrschaften schon gewählt?" Sabine sagte, sie wolle einen Kaffee mit Milchschaum. Sebastian bestellte für sie eine Melange und für sich eine Schale Gold.

„Sehr wohl, kommt sofort, Herr Direktor", sagte der Kellner, als er die Bestellung aufgenommen hatte, und entfernte sich.

„Du bist Direktor?", wunderte sich Sabine. „Und was ist eine Schale Gold?"

Sebastian war im ersten Moment erstaunt über diese Frage, aber dann wurde ihm klar, dass jemand, der Wien nicht gut kannte, auch nicht unbedingt Bescheid wusste über die vielen Zubereitungsarten von Kaffee und die Art, wie ein alter Wiener Oberkellner seine Gäste anredete.

Er grinste. „Direktor bin ich keiner, das sagt ein gestandener Wiener Kaffeehauskellner zu jedem jenseits des Maturaalters, von dem er sich ein gutes Trinkgeld erhofft", klärte er Sabine auf. „Eine Schale Gold ist wie ein großer Brauner, nur statt Milch wird Kaffeeobers verwendet, und zwar so viel, bis der Kaffee wie Gold aussieht."

„Ihr und Euer Kaffeehaus, das ist eine eigene Wissenschaft", lachte Sabine.

„Ja, Wien ist eben anders, aber leider werden die guten alten Kaffeehäuser immer weniger." Sebastians Abscheu vor Small Talk war inzwischen gewichen, und sie plauderten angeregt über alle möglichen

Themen. Sebastian lauschte immer faszinierter dem Timbre von Sabines Stimme. Überhaupt, ihr ganzes Wesen faszinierte ihn. Der Ober war schon einige Male an ihnen vorbeigeschlichen und hatte dabei auf verschiedene, aber subtile Arten seine Missbilligung ausgedrückt, zuletzt am deutlichsten, indem er zu einem Kollegen, der in der Nähe stand, halblaut, aber noch sehr vernehmlich sagte: „Mir san do a Kaffeehaus und ka Wärmestubn, die zwa hocken scho drei Stund' bei an Kaffee!"

Sebastian hätte ihm gerne geantwortet, wenn das hier ein Kaffeehaus sei, dann möge er sich doch wie ein Kaffeehausober benehmen und nicht wie der Kellner in einer Hafenkneipe. Aber er wollte nicht vor Sabine mit dem alten Ober einen Streit anfangen. Der trat schließlich an den Tisch.

„Haben der Herr noch einen Wusch?", fragte er förmlich, aber eindringlich.

Sabine sah ihn etwas frappiert an und schüttelte den Kopf. „Nein, danke", und zu Sebastian sagte sie nach einem kurzen, erschrockenen Blick auf die Uhr: „Ich muss ohnehin schon zum Bahnhof, mein Zug fährt um acht!"

„Ich bringe dich selbstverständlich hin", sagte Sebastian, und zum Ober rief er: „Herr Ober, die Rechnung bitte!"

„Die Rechnung, wegen de zwa Heferln Kaffee, wia wons a fünfgängiges Menü 'gessen hätten", maulte der in sich hinein.

Sebastian war in seinen Augen schon längst kein Direktor mehr, aber der Ober wahrte die Form: „Komme sofort, der Herr."

Sebastian zahlte und gab ein großzügiges Trinkgeld: „Stimmt so. Und bitte bestellen

Sie mir ein Taxi."

Der Ober schien schon wieder viel mehr von Sebastian zu halten und verbeugte sich. „Vielen Dank, Herr Generaldirektor, das Taxi kommt sofort."

Sabine sah ihn groß an, dann Sebastian. Dann grinste sie. „Sind alle Kaffeehausober hier so? Gehört das zur Folklore?"

„Der hier ist ein echtes Original", erwiderte Sebastian, „Der denkt gar nicht darüber nach, er ist einfach so."

Sabine lächelte. „Ich glaube, ich muss noch einiges über die Wiener lernen", befand sie und setzte geheimnisvoll hinzu: „Und speziell über einen bestimmten Wiener."

Als Sebastian sich von Sabine am Bahnhof verabschiedete, ergriff er ihre Hand und spürte plötzlich, dass da mehr war als nur

Sympathie. Unwillkürlich zog er ihre Hand an seine Lippen und hauchte einen Kuss darauf.

„Es waren wunderschöne, wenn auch kurze Stunden, ich hoffe, wir können sie wiederholen."

„Das hoffe ich auch", sagte Sabine fröhlich und stieg in den Zug.

Sebastian winkte dem davonfahrenden Zug noch so lange nach, bis er außer Sichtweite war. An diesem Mittwoch im Oktober, der sich für sie wie ein Sonntag anfühlte, ließ Sabine im Zug ihr Date nochmals vor ihren inneren Augen ablaufen. Das Gespräch im Kaffeehaus, Sebastians Nähe, sein Lächeln, seine höfliche Art hatten ihm das Tor zu ihrem Herzen geöffnet.

Das Geburtstagsgeschenk

Ich hatte Petra vor vier Wochen bei einem Dia-Vortrag über die Sahara kennengelernt. Sie war genau mein Typ Frau. Auch ich dürfte auf sie anziehend gewirkt haben. Es knisterte augenblicklich zwischen uns, wir saugten uns aneinander fest, vorerst nur mit den Augen, auch die Leidenschaft für die Fotografie teilten wir. Seitdem sahen wir uns fast täglich oder telefonierten zumindest. Es schien, als konnte daraus leicht eine ernste Beziehung werden.

Ich brachte Petra nach einem gemeinsamen Spaziergang nachhause. Als ich mich verabschieden wollte, sagte sie: „Du hast ja morgen Geburtstag!", und zwinkerte mir

zu. „Ach ja! Das hätte ich beinahe verges-
sen", grinste ich.

„Ich habe ein Geschenk für dich", sagte sie.
Ich sagte, das fände ich ganz toll.

„Treffen wir uns um Mitternacht am klei-
nen Teich im Wald?"

„Okay …", antwortete ich zögerlich.

„Bring eine Flasche Wein mit", bat sie und
gab mir einen Kuss.

„Mach ich gerne. Rot oder weiß?"

„Einen roten, der passt besser", sagte sie
geheimnisvoll und ging ins Haus.

Auf dem Heimweg überlegte ich krampf-
haft, woher sie meinen Lieblingsplatz ken-
nen konnte. Der kleine Teich lag inmitten
einer großen Waldlichtung. Sie war erst vor
kurzem hierhergezogen und wir waren
noch nie gemeinsam dort gewesen. Aller-
dings war dieser romantische Platz ein An-

ziehungspunkt für Liebespaare. Leicht möglich, dass man ihr davon erzählt hatte und sie ihn für passend hielt für eine empfindsame Annäherung bei Mondschein – ich grinste äußerlich und frohlockte innerlich. Dass dies eine äußerst wirksame Kulisse war, hatte sich für mich schon häufig auf sehr angenehme Weise bestätigt. Erst vorige Woche war ich mit Isabelle dort gewesen.

Der Abend kam und ich machte mich auf den Weg. Petra liebte Überraschungen, soviel wusste ich schon, vermutlich war das der Grund, warum sie nicht wollte, dass wir gemeinsam dort hingingen. Sie wollte mich mit etwas überraschen.

„Vielleicht tritt sie als Vilja auf, das Waldmägdelein aus dem Lied von Franz Lehár", lachte ich. Warum es aber unbedingt Mitternacht sein musste, war mir noch nicht klar. Das hatte doch auch einen gehörigen Gruselfaktor. Vielleicht befürchtete sie, dass andere Paare dieselbe Idee haben und sich abends hier einfinden könnten, denn es war Vollmond – eng umschlungen am Ufer des Teiches das geheimnisvolle silberne Licht über sich aufgehen zu lassen, nachdem die Sonne in goldener Stille versunken war, es gab kaum etwas, das Frauen männlichen Avancen geneigter machen konnte... Um Mitternacht würden sie wohl alle in ihren Betten verschwunden sein. Der Waldboden war noch warm von der Hitze des Tages. Irgendwo in den Bäumen schrie ein Käuzchen. Ich zuckte zusammen. Ganz wohl war mir so allein nachts mitten im Wald doch nicht – die Früchte der vielen

Schauergeschichten, die Erwachsene den Kindern erzählen oder vorlesen. Für kurze Zeit verdunkelten Wolken den Schein des Mondes. Um nicht zu spät zu kommen, bog ich vom Weg ab und ging durch das dichte Unterholz in Richtung Teich, stieg über Wurzeln und herumliegende Äste.

Als ich die Lichtung erreicht hatte, waren die Wolken vom Wind wieder weitergetrieben worden und der Himmel sternenklar. Der Silbermond spiegelte sich im Wasser.

Ich sah Petra auf einem Baumstamm direkt am Ufer sitzen und ging darauf zu. Dicht hinter ihr beugte ich mich zu ihr hinunter, schlang die Arme um sie und gab ihr einen Kuss. Sie zuckte ein wenig zurück, musste mich aber gehört haben, sonst hätte sie wohl heftiger reagiert. Ich setzte mich dicht neben sie. Es fühlt sich anders an als bei Isabelle letzte Woche, dachte ich, aufregender. Ich beugte mich zu ihr hinüber und gab ihr einen Kuss.

„Du bist spät dran", rügte sie mich, schaute mir aber, wie mir schien, verliebt in die Augen.

„Tut mir leid, wartest du schon lange?"

„Nein", sagte sie beiläufig. „Wollte dich nur ein bisschen aufziehen." Sie grinste. Dann seufzte sie.

„Sieh dir das an, ist es nicht wunderschön? So klar – und doch so geheimnisvoll."

Sie sah mir direkt in die Augen.

„Ich finde, wir sollten ganz ehrlich zueinander sein. Ich fühle zwischen uns etwas ... Wunderbares ... aber wir müssen uns einander ganz öffnen."

Ich wurde etwas nervös. Was wollte sie

damit sagen?

Petra bemerkte meine Unruhe sofort.

„Was ist los mit dir, warum bist du so nervös?", fragte sie mit zuckersüßer Stimme.

„Ich bin nicht nervös, nur neugierig", versicherte ich halbherzig. „Was hast du denn Schönes für mich vorbereitet? Den Wein habe ich mit." Ich zeigte ihr die mitgebrachte Flasche.

„Bleib sitzen", bat sie mich, stand auf und ging hinter eine dicke Eiche. Für einen Moment übernahm der ferne Schlag der Kirchturmuhr den Takt in unserem Spiel. Es war Viertel nach zwölf. Petra trat mit einem Picknickkorb hervor.

„Tatarataaa! Mitternachtspicknick! Herzlichen Glückwunsch zum Geburtstag!", rief sie. Ich lächelte ihr zu.

„Wie lieb von dir, danke!"

Petra liebte solche Worte, sie zauberten immer ein süßes Lächeln in ihr Gesicht. „Eigentlich bin ich viel zu nett zu dir", sagte sie, nahm mein Gesicht in ihre Hände und küsste mich lange. „Nein, es ist schon okay", sagte sie dann.

Sie nahm eine Decke aus dem Korb und breitete sie auf dem Boden aus.

„Komm, setz dich!", forderte sie mich auf. Wir nahmen beide auf der Decke Platz. Sie griff abermals in den Korb und reichte mir zwei Gläser und den Korkenzieher. Ich öffnete die Flasche und schenkte den Wein ein, während sie zwei Bretter, ein Messer, Brot, eine Stange Wurst und etwas Käse aus dem Korb zog. Ich hatte mir doch etwas Ausgefalleneres erhofft und war ein bisschen enttäuscht. Sehr üppig ist dieses Picknick gerade nicht, dachte ich.

„Lass uns zuerst auf deinen Geburtstag anstoßen!", meinte sie und hob ihr Glas. „Nochmals alles Gute!" Wir ließen unsere Gläser gegeneinanderstoßen. Ich konnte nicht gleich erkennen, was mich daran irritierte. Vielleicht der Ton der Gläser, der nicht so harmonisch und wohlklingend war wie sonst.

„Möchtest du mir etwas sagen?" Ihre Augen verengten sich etwas.

„Ich danke dir für die gelungene Überraschung", sagte ich und wollte sie küssen. Sie wich mir aus und drehte sich zum Korb um. Als sie sich mir wieder zuwandte, sah ich nicht das Gesicht von Petra, sondern die Fratze einer Rasenden. Erschrocken wich ich zurück und wollte aufspringen, es war zu spät. Drei Herzschläge später steckte das Messer, das ich noch kurz im Mondlicht aufblitzen sah, in meiner Brust. Entsetzt riss ich die Augen auf, während mein Blut auf den Käse tropfte.

Sie kam ganz dicht an mich heran, ich spürte ihren Atem.

„Na, wie fühlt sich das an, wenn einem ein Messer in die Brust gestoßen wird?", zischte sie.

Ich versuchte mich hochzurappeln, Blut sickerte aus meinen Mundwinkeln, sie lachte nur und stieß mich zurück. Für Sekunden hatte ich Petra noch klar und deutlich vor meinen Augen. Ihr Gesicht war so nah, dass ich das Spiegelbild des Mondes in ihren Pupillen sah. „Das hättest du nicht tun sollen, mein Lieber." Sie beobachtete mich. Mein Atem ging stoßweise. „Jetzt spürst du, was ich fühlte, als ich sah, wie du diese Frau hier geküsst hast."

Ihre Hand berührte für einen Augenblick meine Wange, als wollte sie mich trösten, aber ihr Blick war hart, dann wurde es dunkel um mich, und ich hörte nur noch, wie durch eine dicke Nebelwand, ihre Worte: „Fahr zur Hölle!"

Das Gewissen

In der Früh stand ich wohlgelaunt auf. Schon lange nicht mehr war mir gleich nach dem Aufstehen so fröhlich zumute.

Ich sprang aus dem Bett, ging pfeifend in die Küche, bestellte beim Kaffeeautomaten einen Latte macchiato und sah zu, wie ein Croissant in der Mikrowelle knusprig wurde. Dann setzte ich mich beschwingt vor mein Frühstück und ließ die Leute vom Frühstücksfernsehen für mich arbeiten.

Ich wusste nicht, wie mein Arbeitstag sein würde, doch ich war zuversichtlich. Er konnte eigentlich nur schön werden. Im Bus kam mir der Gedanke, dass es noch schöner wäre, wenn ich gar nichts arbeiten müsste.

Vielleicht sollte ich dem ja nachgeben, blaumachen, hier und jetzt aussteigen, mich im Stadtpark auf die Wiese legen und dort so lange den Wolken auf ihrer Reise zusehen, wie es mir gefiel.

Doch das System hätte sicher etwas dagegen. Ich würde schief angeschaut werden und im Büro einen Riesenärger bekommen. Und womöglich würde im Park die Polizei auftauchen und mich vertreiben.

Und dann gab es da noch das schlechte Gewissen. Hatte ich nicht versprochen, den Quartalsbericht noch gestern Abend abzugeben? Kein Problem, heute Abend oder morgen reicht es völlig, sagte ich mir, den liest sowieso keiner. Aber Frau Schreiber hatte mich händeringend gebeten, ihr bei der Abrechnung zu helfen, die musste heute fertig sein. Sie war keine besonders wertvolle Kraft. Aber wenn ich ihr nicht half, würde sie eher früher als später ihre Kinder überhaupt nicht mehr durchbringen können.

Ergo sah es wohl so aus, dass ich etwas tun musste, obwohl einfach zu existieren und nichts zu tun das Natürlichste auf der Welt wäre.

Ich war noch nicht durch die Tür meines Büros, da zwängte sich unsere Praktikantin an mir vorbei und kippte einen Stoß Papiere auf meinen Tisch. Beim Weggehen stieß sie mit Frau Schreiber zusammen, die schon mit Hundeblick auf mich gelauert hatte. Ja natürlich, ich würde es für sie kontrollieren. Eigentlich hatte das alles Zeit.

„Fertig machen", befahl mir mein Gewissen. „Mach dich nützlich, wozu bist du sonst hier?"

Wir verstanden uns in meiner Freizeit eigentlich ganz gut, und was sollte es machen? Es war sein Job.

Ich tippte also den Bericht fertig, kontrollierte die Abrechnung – ein einziges Chaos, ich gab nach der ersten Seite auf – und kämpfte mich durch die teils komplett sinnlosen Memos und Unterlagen. Hatte ich eine andere Wahl?

Mein Gewissen ermahnte mich immer, wenn ich zu träumen begann. Es hatte eine fürchterlich humorlose Meinung darüber, wer ich zu sein hatte, und gab seiner Enttäuschung unmissverständlich Ausdruck. Mein einziger Lichtblick war die Mittagspause. Aber leider konnte es keinen Moment allein sein und blieb mir auch in der Kantine auf den Fersen.

„Sitz nicht so lang 'rum, die anderen arbeiten schon wieder!", keifte es.

„Ja, ist ja schon gut", keifte ich zurück. „Befördert werde ich ohnehin nie, also wozu die Eile? Was bringt das alles hier?"

„Du trägst deinen Teil dazu bei, dass es euch allen gut geht", antwortete das Gewissen.

„Ja, einigen viel besser als anderen. Und was bekomme ich dafür?"

Ein Teil der Arbeit blieb liegen. „Hätte alles viel flotter gehen können", ermahnte es mich.

Den Rest des Tages wollte ich totschlagen.

Dazu musste ich mein Gewissen überlisten. Ich packte meine Tasche mit Papieren voll und tat so, als hätte ich die Absicht, sie zuhause zu bearbeiten. Ich war so überzeugend, dass ich es selbst glaubte.

Doch in einem unbeobachteten Augenblick verließ ich das Büro ohne Tasche und ging zum Lift. Ich dachte, mein Gewissen würde sicher noch eine Weile im Büro bleiben in der Annahme, ich käme gleich zurück, aber unten wartete es schon auf mich. Seine Miene war verbittert. „Hol die Tasche!", herrschte es mich an, aber ich tat, als hätte ich nichts gehört.

Im Bus fragte ich mich, wieso ich am Morgen so gut gelaunt gewesen war. Den ganzen Tag hatte ich mich schon darauf gefreut, am Abend vor dem Fernseher zu sitzen und ein gepflegtes Bier zu trinken. Doch nun, als es so weit war, befriedigte es mich auch nicht. Was jetzt? Freunde anrufen? Zu spät, die waren alle schon unterwegs ins Vergnügen.

Also tat ich nichts. Das war ja eigentlich schon in der Früh mein Wunsch gewesen. Mein Gewissen, das steif auf einem Stuhl saß und ein wenig unruhig mit den Füßen wippte, fragte nach längerem Schweigen: „Was hast du heute eigentlich geleistet?" „Ich habe Geld verdient", rechtfertigte ich mich. Doch hatte ich es wirklich verdient? Nichts hatte sich verändert. Es war eigentlich ein Tag wie jeder andere gewesen.

Wäre ich in der Früh nur liegen geblieben.

Mieser Job

Das monotone Rattern des Zuges, der sich durch das Umland der nahen Stadt schlängelte, machte mich schläfrig. Zwei Stunden war ich schon unterwegs. Immer wieder fiel mein Kopf nach vorne auf die Brust. Nicht einschlafen, ermahnte ich mich selbst und starrte dann, die Stirn ans Fenster gepresst, in die vorbeiziehende dunkle Landschaft. Manchmal wurde die Dunkelheit durch die beleuchteten Fenster eines Hauses an der Strecke unterbrochen.

Ich fragte mich, warum ich mir das antat. Aber letztlich – ich tat es ja nicht mir an. Es war knapp vor Mitternacht, als der Zug an einer winzigen Haltestelle stehenblieb und ich allein auf dem Bahnsteig mitten in der Einöde stand.

Der Himmel zeigte sich von seiner finstersten Seite. Ich zog mir die Kapuze noch tiefer ins Gesicht. Die Bedingungen konnten nicht günstiger sein. Im Schein einer Lampe, die vor der Station an einem Mast im Wind hin und her schaukelte wie ein Uhrpendel, blickte ich auf meinen Zettel.

„Waldweg Nr. 4, die Straße entlang bis zur Kapelle, dann rechts abbiegen, das vierte Haus", las ich. Ich prägte mir den Weg und die Adresse ein, dann nahm ich mein Feuerzeug aus der Tasche und verbrannte den Zettel.

Kein Mensch weit und breit. Ich ging die Straße entlang. Es dauerte nicht lange, da sah ich die Umrisse der Kapelle. Ich ging weiter. Nach etwa hundert Metern ließ ich kurz meine Taschenlampe aufleuchten. Da war ein Straßenschild, auf dem „Waldweg" stand. Nach wenigen Schritten sah ich hinter einer Baumgruppe die vier Häuser. Zwei waren unbeleuchtet, durch eines der oberen Fenster des dritten irrlichterte ein Fernsehgerät. Am vierten sah ich in einem Fenster im Obergeschoss den schwachen Schein einer grünen Lampe. Mein Ziel war erreicht.

Ich durchquerte den Vorgarten, griff an die Klinke der Eingangstür – sie war offen. Ich rief mir den Plan des Hauses in Erinnerung. Auf Zehenspitzen tastete ich mich den stockfinsteren Flur entlang. Plötzlich wurde es hell. Kurz vor der Treppe, die ins Obergeschoss führte, war an der Wand eine Notbeleuchtung angebracht, die beim Vorbei-gehen aktiviert wurde. Ich fluchte leise.

Ich hielt inne und spitzte die Ohren. Aus einem der Zimmer waren Geräusche zu hö-ren, Stimmen. Sie schienen aber nicht auf-geregt oder hysterisch zu sein, sie klangen eher wie Gesang, der einem rhythmischen Muster folgte. Bemüht, jeden Lärm zu ver-meiden, schlich ich weiter die Treppe hin-auf. Eine Stufe knarrte. Ich blieb noch ein-mal stehen. Nichts hatte sich verändert. Ich stieg rasch die restlichen Stufen nach oben und näherte mich der Tür, von der die Lau-te kamen. Ich drückte die Klinke hinunter und schob die Tür vorsichtig ein paar Zen-timeter nach innen.

Aus dem Zimmer drangen gedämpftes Licht und eine nun deutliche akustische Mischung aus regem Liebesgeflüster und Gestöhne, musikalisch begleitet von Ravels Bolero.

„Ja!, Ja!", spitze, lüsterne Schreie und angestrengtes männliches Keuchen, das sich eher wie das Grunzen eines Ebers anhörte. Jetzt war der Moment gekommen, da ich innerlich ganz ruhig und hellwach wurde.

Ich griff in meine Jackentasche und zog Pistole und Schalldämpfer hervor. Während im Raum das Gestöhne dem Höhepunkt zustrebte, schraubte ich seelenruhig den Schalldämpfer an den Lauf der Pistole. Unbemerkt von den beiden betrat ich das Zimmer und stellte mich ans Bett. Wenige Sekunden später öffnete sie, unter ihm liegend, in Ekstase kurz die Augen und bemerkte mich.

Sie schrie entsetzt auf und stieß ihn so brutal zur Seite, dass er aus dem Bett fiel.

Dieser Moment war genau richtig für mich. Noch bevor sie sich wegrollen konnte, machte es „Plopp".

Ihr Körper erschlaffte, ihre Augen waren weit aufgerissen, aus einem Loch in ihrer Brust quoll Blut. Die Haare wild zerzaust, nackt und tot lag sie vor mir. Nur noch der Bolero und das grunzende Keuchen waren zu hören.

Nach einem kurzen Blick auf ihren reglosen Körper drehte ich mich um, bedeutete ihm mit einer Kopfbewegung, dass er mir folgen sollte, und verließ den Raum.

Er kam mir keuchend und schwitzend, einem Herzinfarkt nahe hinterhergerannt.

„Kommen Sie hinunter in die Küche", stotterte er, nackt und noch immer mit hochrotem Gesicht. Wir gingen hinunter ins Erdgeschoss. In der Küche bat er mich, kurz Platz zu nehmen, was ich ignorierte.

Er zog Geld aus einer Schublade und zählte es auf den Tisch: „Eins, zwei, drei, vier, … neun, zehntausend!"

Er wirkte auch optisch wie ein Schwein mit seinen kleinen runden Augen und den aufgedunsenen Backen. Ich hatte wenig Mitleid mit ihm. Immerhin hatte er mich seine Frau töten lassen. Es machte abermals „Plopp", er fiel vornüber und rutschte seitlich vom Tisch.

Franziska hatte einen Bademantel übergezogen, als sie in die Küche kam. Die Farbpatrone hatte einen Bluterguss an ihrer Brust hinterlassen, der vom Mantel nur zur Hälfte verdeckt wurde. Sie betrachtete die

Bescherung und seufzte. „Es liegt noch ziemlich viel Arbeit vor uns, mein Lieber", sagte sie und zog ihre entzückenden Augenbrauen hoch.

„Vor mir, meinst du", antwortete ich.

Sie widersprach mir nicht.

Alles in allem doch kein so mieser Job.

Mutprobe

Immer wieder sah sich der Junge ängstlich um, während er sich durch das Gestrüpp kampfte. Seine Schritte sanken in den sumpfigen Moorboden, Fledermäuse huschten knapp über sein Haar hinweg. Dann wurde die Finsternis von grellen Blitzen durchzuckt, regennasser Sturm peitschte ihm ins Gesicht und ließ die Äste der Bäume und Sträucher wie Gerten auf und ab tanzen. Er stolperte und fiel der Länge nach hin. Dicht vor seinem Gesicht bohrten sich zwei dünne, bleiche Arme aus dem Moor.

„Hilf mir, hilf mir!", klagte eine Stimme.

Erschrocken fuhr Robert im Bett hoch.

Es war kurz vor Mitternacht. Er musste um Schlag 12 am Friedhof sein, um seine Mutprobe abzulegen. Er wollte endlich zur Clique gehören.

„Du bist um Mitternacht am Friedhof und bringst eine Knackwurst mit, dann erfährst du alles Weitere", hatte Leo, der Anführer der Gang, zu ihm gesagt.

Robert zog sich hastig an und schlich aus dem Haus. Wohl war ihm bei der Sache nicht. Es gab genügend Spukgeschichten, die ihm jedes Mal einen Schauer über den Rücken laufen ließen, und der Alptraum von vorhin verfolgte ihn noch immer. Aber es ging ja um eine Mutprobe, und mutig ist man, das hatte er schon öfter gehört, obwohl man Angst hat, nicht, wenn man keine hat. Also lief er tapfer weiter zum Friedhof, wo schon alle versammelt waren. Die Uhr am Kirchturm schlug gerade das 12. Mal.

„Na, gerade noch geschafft", empfing ihn Leo.

„Deine Aufgabe: Du kletterst über die Mauer und gehst zur Kapelle. Hinter der Kapelle hat der Totengräber einen großen, alten Wehrmachtsdolch mit Hakenkreuz im Gebüsch versteckt. Wenn du mir den Dolch bringst, hast du die Aufgabe geschafft."

Er musterte Robert.

„Hast du die Knackwurst mit?"

Robert hatte sie natürlich nicht mit, er hatte sie in der Aufregung vergessen.

„Nein, hab ...", stotterte er.

„Egal, dann eben ohne", sagte der Anführer. Unter den neugierigen Blicken der übrigen Bandenmitglieder kletterte Robert über die Mauer und ging mit zitternden Knien Richtung Kapelle.

Im fahlen Mondlicht und dem gespenstischen Flackern der Grablaternen schienen aus allen Gräbern Hände nach ihm zu greifen, Schatten lösten sich aus den Nischen der Grüfte und den Gabelungen der Bäume. Er glaubte stechende Augen zu spüren, die sich an seinen Rücken hefteten. Seine Schritte und sein Atem wurden immer schneller. Irgendwo rief ein Kauz. Blätter rauschten im aufkommenden Wind.

Der Weg zur Kapelle erschien ihm unendlich lang. Endlich tauchte sie auf, von bizarren Schatten begleitet, flankiert von zwei riesigen rabenschwarzen Eiben. An einer davon musste er vorbei, wollte er hinter die Kapelle kommen. Er nahm die linke, die ihm weniger dicht schien, trotzdem kratzte und schlug sie ihn, als er sich zwischen sie und die Kapelle zwängte. Endlich gelangte er zur Rückseite, die nur wenig Zwischenraum zur Friedhofsmauer ließ.

Robert zwang sich dazu, in dem Gebüsch, das dort wucherte und sicherlich voller giftiger Spinnen und blutsaugender Zecken war, nach dem Dolch zu suchen.

Ohne Angst kein Mut, sagte er sich. Er kauerte sich rücklings an die Friedhofsmauer, streckte seinen linken Arm in den Zwischenraum, so weit er konnte, und begann das grausige Dickicht abzugreifen. Fand aber nichts. Fast erleichtert wollte er schon aufgeben.

„Endlich, da ist er!", rief er dann doch und zog den Dolch hervor. Er zwängte sich nochmals an der Eibe vorbei und stand wieder vor der Kapelle, als er aus den Augenwinkeln zwei Augen bemerkte. Diesmal gehörten sie keinem Geist, sondern dem alten Hund des Totengräbers. Die riesige Deutsche Dogge trottete knurrend und zähnefletschend auf ihn zu. Jetzt fiel ihm ein, wofür er die Knackwurst hätte mitbringen sollen.

Er begann zu laufen, aber der Hund hechelte mit rasselnder Lunge hinterher. Immer schneller, doch der Hund blieb ihm auf den Fersen.

Die Bande saß auf der Mauer und beobachtete gespannt, wie er immer näher an Robert herankam. Nur noch zwei Meter trennten die beiden. Robert in höchster Angst mit Siebenmeilenschritten und der Hund unbeirrt sein Opfer fixierend, wie der Zweite bei einem Galopprennen, der seine letzten Reserven mobilisiert. Sie waren knapp vor der Mauer, und es sah so aus, als würde der riesige Hund zum Sprung ansetzen.

Da stürmten wie auf Kommando all die tapferen Zuseher panisch in verschiedene Richtungen davon.

Robert blieb knapp vor der Mauer stehen und drehte sich gleichzeitig, plötzlich ganz ruhig geworden, seinem Schicksal ergeben, zu dem Hund um, er wusste nicht, ob aus Mut oder aus Verzweiflung, hob drohend den Dolch und schrie: „Platz!"

Der Hund erschrak, bremste, indem er die Vorderpfoten nach vorne streckte, orientierte sich neu, öffnete das Maul zum wahrscheinlich tödlichen Biss ... Robert schloss die Augen ... und öffnete sie wieder, denn nichts geschah.

Der Hund lag mit grotesk verdrehtem Körper und offenem Maul vor ihm, während die weit herausgestreckte schwarze Zunge noch zuckte.

Am nächsten Morgen warteten schon alle in der Klasse gespannt auf Robert.

Er übergab Leo den Dolch.
„Na, habe ich die Prüfung bestanden?", fragte er.
„Und was war mit dem Hund?", fragte Leo neugierig.
„Den hab ich auch erledigt", prahlte Robert.

Der Plan

Markus blickte auf die Uhr. „Schon wieder nach neun. Lang halte das nicht mehr aus", stöhnte er und schaltete den Computer ab.

So ging das schon seit fast fünf Jahren. Seine Firma expandierte. Er schien auf dem Höhepunkt seiner beruflichen Karriere. Ein Haus, teure Autos in der Garage und eine Jacht an der Adria – aber um welchen Preis? Er hatte so gut wie kein Privatleben mehr.

Vor sechs Jahren hatte er Jana beim Segeln kennengelernt. Es war Liebe auf den ersten Blick gewesen. Bald darauf hatten sie geheiratet und gemeinsam ein Start-up-Unternehmen aufgebaut. Aber jetzt wurde nicht nur das Unternehmen immer größer, sondern auch die Kluft zwischen ihnen.

Er stellte sein Mercedes-Coupé ab und verließ die Garage, dabei griff er wie zufällig auf die Motorhaube des BMW-Cabrios seiner Frau.

Sie war noch warm. „Ah, Madame war auch noch unterwegs", murmelte er

„Ach, wie schön, der Herr des Hauses lässt sich auch noch blicken", empfing ihn Jana gereizt, als er ins Wohnzimmer trat.

„Einer muss ja das Geld verdienen, das du zum Fenster hinauswirfst", entgegnete er aufgebracht. Es war nicht das erste Mal, dass Jana ihn bissig empfangen hatte, wenn er spät heimkam, und meistens ignorierte er sie, stürmte in die Küche, warf ein Fertiggericht in die Mikrowelle, goss sich an der Hausbar einen Whisky ein und starrte auf ein Spiel im Sportsender, ohne Jana weiter zu beachten. Doch diesmal überlegte er es sich und ging darauf ein. Zu viel hatte sich in letzter Zeit bei ihm aufgestaut.

„Warst wohl wieder auf einer deiner Charity-Veranstaltungen", bellte er, „Wo die armen Bedürftigen sich auf ein paar Säckchen mit Essensresten freuen dürfen, die ihr vom kalten Büffet übriglasst. Oder warst du selber bedürftig und hast dir das tausendste Paar von diesen widerlichen Schuhen gekauft?"
Dass er sich für Jana nicht mehr interessieren konnte, schrieb er allein ihrer Sucht zu, reiche und schöne Leute zu treffen und mit ihnen Tennis und Golf zu spielen und Par-

ties zu feiern, während er im Büro oder auf Geschäftsreise war.

Sie hatte jahrelang, wie er, Leben und Ehe der Firma geopfert, doch dann einen Zusammenbruch erlitten. Sie wollte sich erholen und dann zurückkehren, doch den Zeitpunkt dieser Rückkehr verschob sie immer wieder. Erst hatte sie sich zuhause eingeigelt, im Garten herumzuharken und Rosen zu schneiden oder am Pool zu liegen, das hatte ihr gefallen, bis sie sich wieder bereit fühlte, ihr Refugium zu verlassen. Sie hatte Versuche gemacht, ihn von der Firma ein wenig wegzulocken, und war gescheitert. Jetzt war die High Society, oder was sie dafür hielt, ihre neue Welt. Und Shopping natürlich. Als versuchte sie verzweifelt, alles an Vergnügen nachzuholen, was sie zuvor versäumt hatte. Das ging jetzt schon eine

Weile so, neuerdings machte sie sogar den Jagdschein, was ihr, wie er vermutete, ein paar Schnösel in Lodenjacken eingeredet hatten.

„Da gibt's gar nichts zu feixen", fügte er hinzu, als er ihr höhnisches Grinsen sah. Markus war froh, dass sein Smartphone einen leisen klingenden Ton von sich gab, der ihn von dem sich anbahnenden Streit abhielt. Er hasste Streitereien, noch dazu, wenn er so hundemüde war. Da fraß er lieber alles in sich hinein. Es war eine WhatsApp-Nachricht.

„Ciao mia tigre, quando arriverai?", las er. Das war Maria aus Italien, mit ihren 50 Jahren eine durchaus sehr attraktive, nicht unvermögende Witwe, die vor zwei Jahren ihren Mann verloren hatte. Er hatte sie voriges Jahr in der Marina Capo Nord nahe Lignano kennengelernt, wo auch sein Boot lag. Sie hatten ein paar heiße Nächte auf dem Boot verbracht, diese Woche war unvergesslich gewesen, und seitdem hatte er keine Ruhe mehr, auch sie nicht, denn sie telefonierten oder schrieben einander mindestens einmal in der Woche. Eine Woche Segeltörn einmal im Jahr, den er alleine machte, denn Jana hatte sich nach dem ersten Törn nicht mehr fürs Segeln interessiert, das entschädigte ihn für alle Probleme zuhause.

„Na, ist es wieder ein ‚Geschäftspartner'?" Jana spuckte das Wort förmlich vor Markus aus.

„Oder Italien?" Sie grinste ihn giftig an. Markus wurde einen Augenblick unsicher. Dann nahm er es hin. Jana wäre keine Frau gewesen, hätte sie nicht bemerkt, dass er voriges Jahr verändert vom Segeln zurückgekommen war. Und tatsächlich, Jana war sich dessen sicher, dass da nur eine Frau dahinterstecken konnte.

Er steckte das Handy ein und sagte, zu Jana gewandt: „Es ist spät, ich gehe schlafen, gute Nacht."

„Ich gehe noch eine Runde schwimmen."

„Pass auf, dass du nicht ertrinkst", sagte er, ohne sich umzudrehen.

„Die Freude mache ich dir sicher nicht", lachte Jana auf.

Markus ging ins Schlafzimmer und antwortete auf Marias Nachricht: „Verrò la prossima settimana, cuore mia – bin nächste Woche bei dir, mein Herz."

Beim Frühstück am nächsten Morgen unterbrach Markus das übliche Schweigen.

„Nächste Woche fahre ich zum Segeln. Nur, damit du deine Termine planen kannst. Ich meine, falls meine Abwesenheit irgendeinen Einfluss darauf hätte."

Jana sah kurz auf und antwortete nicht. Aha, hatte ich doch recht mit Italien, dachte sie.

„Ich muss jetzt in die Firma, wir reden am Abend weiter", sagte Markus und verließ das Haus.

Jana saß noch lange am Frühstückstisch und dachte nach, und je länger sie nachdachte, desto größer wurde ihre Empörung. Aus ihrer Sicht war sie eine Frau, die ihr Leben damit verschwendete, auf einen Mann zu warten, der seit langem Besseres zu tun hatte, als seines mit ihr zu teilen. Schon längst hätte er viele Tätigkeiten in der Firma an seine Mitarbeiter abgeben können, ohne dass dies den Erfolg des Unternehmens beeinträchtigt hätte. Aber die Firma bot ihm offenbar mehr Befriedigung. Statt der Hoffnung, dass er irgendwann seine Aufmerksamkeit wieder ihr zuwenden würde, verdichtete sich die Gewissheit, dass er längst einer anderen den Vorzug gab. Jetzt erwachte etwas in ihr, das sie gar nicht schön fand. Aber sehr gerechtfertigt, es zuzulassen.

Als Markus am Abend ausnahmsweise etwas früher heimkam, empfing ihn Jana mit einem ganz unerwartet freundlichen Lächeln.

„Markus, weißt du was, ich komme diesmal mit nach Italien. Ich möchte wieder einmal ans Meer und segeln, sonst verlerne ich es noch. Und wir zwei haben wirklich schon lange nichts mehr miteinander unternommen."

Markus war sprachlos. Schließlich brachte er ein jämmerliches „Hm, wie meinst du das?" heraus.

„Na, ganz einfach: Ich fahre mit. Oder gibt es einen Grund, warum ich das nicht sollte?"

„Nein, nein, ich wundere mich nur", wand er sich. In seinem Schädel überschlugen sich die Gedanken, wie er das verhindern könnte. Wenn Jana von Maria erführe, würde sie sofort die Scheidung einreichen. Dann hätte sie Anspruch auf die Hälfte der Firma und würde Markus um ein Vermögen bringen – sie würde ihn ausnehmen wie eine Weihnachtsgans.

„Ich freu mich schon darauf", sagte sie süffisant. Markus konnte nicht schlafen, die ganze Nacht über schwirrten die Gedanken wie ein Schwarm Bienen in seinem Kopf herum, krampfhaft suchte er nach einer Lösung des Problems.

Schließlich fand er eine: Igor. Der würde sicherlich wissen, was zu tun war. Igor, seit Kindertagen Markus' bester Freund, hatte immer ein offenes Ohr für seine Probleme und auch meistens eine Lösung parat. Am nächsten Morgen griff er im Büro als Erstes zum Telefon.

„Hallo, mein Bester, was gibt's?", meldete sich Igor.

„Igor, ich brauche deinen Rat."

Igor wusste natürlich von Maria und den Zwistigkeiten, die Markus mit Jana hatte.

„Stell dir vor, Jana möchte diesmal mit zum Segeln."

„Oh, das ist nicht gut", lachte Igor.

„Du sagst es."

„Man liest ja immer wieder, dass auf hoher See jemand über Bord gegangen sei", kicherte Igor. „Aber nein, Spaß beiseite! Ich denke, es ist das Beste, du sagst den Törn erst einmal ab. Lass einfach was Unvorhergesehenes in der Firma dazwischenkommen."

Markus überlegte.

„Das könnte ich machen, allerdings traue ich Maria zu, dass sie dann plötzlich vor meiner Tür steht, und was dann?"

Igor sagte nichts.

„Aber du hast vermutlich recht, das Risiko muss ich eingehen. Danke dir, Igor."

„Gib mir Bescheid, was du tun wirst. Tschüss mein Bester, halt die Ohren steif!"

Markus starrte aus dem Fenster und grübelte. Was Igor gesagt hatte, ließ ihn nicht mehr los. Nicht, dass er den Törn absagen solle. Das andere. Auf hoher See über Bord gehen, das war es. Diese Idee setzte sich immer mehr in seinem Kopf fest. Sie wurde immer konkreter. Wie besessen begann er, die Details dieses Vorhabens zu planen. Die nächste Frage war: Sollte er versuchen, die Tage bis zur Abreise so harmonisch wie möglich zu gestalten, ohne Zank und Streit, um nur ja keinen Verdacht aufkommen zu lassen, dass er etwas im Schilde führte? Das könnte Jana allerdings erst recht darauf bringen, dass etwas Ungewöhnliches im Gange war. Am Abend erwartete ihn Jana schon gespannt.

„Na, hast du meinen Vorschlag schon verdaut?", lachte sie.

„Ich war etwas überrascht", entgegnete er freundlich, „Aber ich freue mich natürlich,

dass du wieder einmal mitkommst."
Im Wohnzimmer stand schon eine Flasche
Sekt im Kühler parat. Die musste sie geholt
haben, als er in die Garage fuhr. Er konnte
sich nicht erinnern, wann sie ihn das letzte
Mal so aufmerksam und freundlich emp-
fangen hatte.

„Komm, lass uns darauf anstoßen!" Danach
sagte sie: „Ich weiß, wir hatten in letzter
Zeit einige Probleme, aber vielleicht könn-
ten wir einen Neustart versuchen", und gab
ihm einen Kuss auf die Wange.

Markus wusste nicht, wie ihm geschah. Das
Luder spielt mir etwas vor, dachte er. Er
beschloss aber, darauf einzugehen, denn
wie konnte er besser verbergen, was er
vorhatte? „Ja, vielleicht wird es so schön
wie beim ersten Mal", sagte er.

Tatsächlich verliefen die Tage bis zur Abreise so harmonisch wie schon lange nicht. Am Abend davor schickte er Igor eine SMS: „Danke, mein Freund, für deinen Tipp!" Um 5 Uhr in der Früh fuhren sie los. Während der Fahrt an die Adria ging Markus gedanklich immer wieder seinen Plan durch. Die Wettervorhersage für den nächsten Tag war für einen Törn nicht gerade günstig, aber umso besser für sein Vorhaben. Er würde Jana über Bord werfen und dann einen Notruf absetzen. Den Behörden gegenüber würde er behaupten, sie sei vom Mastbaum getroffen worden, als sie versucht habe, das Großschot festzuziehen, während er steuerte. Er habe alles Menschenmögliche getan, um sie wieder an Bord zu holen, sie sei aber sofort abgetrieben worden und er habe ihr nicht folgen können. Warum sie bei dem Wetter hinausgefahren seien? Er sei erfahrener Segler, Jana ebenfalls, und sie habe eine etwas rauere See geliebt. Wer konnte mit so etwas rechnen? Natürlich würde er Maria eine Zeitlang nicht mehr kontaktieren und den am Boden zerstörten Witwer spielen. Ein perfekter Plan.

Gekonnt machten sie am nächsten Morgen das Boot klar zum Auslaufen. Jana hatte nichts verlernt, alle Handgriffe saßen. Sie waren noch nicht lange auf See, als, wie vorhergesagt, das Wetter umschlug. Die See wurde rauer und Markus hatte Mühe, das Boot auf Kurs zu halten. Eigentlich hätten sie umkehren müssen, doch Markus wusste, dass er noch nicht weit genug draußen war, um seinen Plan auszuführen. Jana, sonst eher vorsichtig, schien auch nichts dagegen zu haben, den Kurs zu halten. Das konnte ihm nur recht sein. Nun setzte auch noch Regen ein und der Sturm peitschte ihnen die Nässe ins Gesicht. Der Seegang wurde immer schwerer. Er musste natürlich sehen, dass er selbst wieder heil zurückkam.

„Jetzt oder nie", sagte er zu sich. Der Himmel war schwarz geworden, ab und zu erhellten Blitze für kurze Zeit das Geschehen. „Jana!", schrie er. Sie war nach unten gegangen, als der Sturm angefangen hatte. „Hier bin ich", hörte er hinter sich Janas Stimme. Sie musste zurück an Deck gekommen sein, als er damit beschäftigt gewesen war, das Segel zu bändigen, das sich im aufkommenden Sturm schon bedenklich gebläht hatte. Er drehte sich um und erschrak. Er erkannte Jana nicht mehr. Die

Haare klatschnass, das Gesicht zu einer Fratze verzerrt, lachte sie teuflisch: „Mit mir nicht, mein Freund!"

Die Pistole, die sie auf seine Brust gerichtet hatte, ging los.

Das Wetter wurde so schnell besser, wie es umgeschlagen hatte. Jana hatte keine Mühe, das Boot in den Hafen zu bringen. Unterwegs überlegte sie, was sie aussagen würde. Markus sei vom Mastbaum getroffen worden, als er versucht habe, das Großschot festzuziehen, während sie steuerte. Sie habe alles Menschenmögliche getan ...

Nachdem sie das Boot am Liegeplatz festgebunden hatte, holte sie ihr Handy hervor und verständigte die Polizei.

Dann schrieb sie eine SMS: „Igor, ich komme!"

Auf dem See

Es war ein wunderschöner Spätsommertag. Die Strahlen der Sonne wärmten die Dächer der kleinen Stadt am See, der Wind spielte auf den Straßen mit den abgefallenen Blättern und der hauchzarte Nebel, der sich vom See her ausbreitete, kündigte den Herbst an.

Der auffrischende Wind machte den See unruhig, die Wellen schlugen rhythmisch an die Boote im Hafen. Das spürten auch am anderen Ende des Sees Jana und Johannes in der Kajüte von dessen schnittigem Motorboot, das er an einem einsamen Ufer festgemacht hatte. Verliebt schauten sie sich in die Augen und lösten sich dann langsam voneinander, um aus dem Bett zu steigen. Johannes hatte einen Tisch im Restaurant des Excelsior reserviert, das sollte die glanzvolle Fortsetzung dieses Tages werden – es war also langsam Zeit, zurückzufahren. „Wir müssen los", sagte er nach einem kurzen Blick auf die Uhr.

Während Johannes sich anzog, saß Jana, in eine Decke eingehüllt, mit angezogenen Knien auf dem Bett – das eigentlich Koje hieß, wie er ihr augenzwinkernd erklärt hatte – und schaute ihm dabei zu.
Was für ein durchtrainierter Körper, schwärmte sie insgeheim. Aber eigentlich wusste sie gar nichts von ihm. Sie hatte Johannes vor drei Wochen in einer Disco kennengelernt, am nächsten Tag hatte er sie zu sich eingeladen. Sie war sofort von ihm angetan gewesen, vor allem von seiner

charmanten Art, mit Frauen umzugehen, aber seine Villa mit Pool und Garten verfehlten ihren Eindruck auf sie genauso wenig. Auf ihre Frage, womit er sein Geld verdiene, antwortete er lachend: „Import-Export von Waren aller Art."

Jana wurde aus ihren Gedanken gerissen, als sie sah, wie er zum Schluss noch den roten Kapuzenpullover anzog, den sie ihm letzte Woche zum Geburtstag geschenkt hatte. „Steht dir gut", stellte sie erfreut fest. Johannes drängte sie, sich anzuziehen, bevor er sich nach oben aufmachte, um das Boot für die Rückfahrt klar zu machen. „Ja, ich weiß… Aber haben wir nicht noch Zeit? Wir könnten uns doch noch ein bisschen entspannen und einen Drink nehmen", rief ihm Jana nach. Johannes, schon

103

auf der Treppe, drehte sich zu ihr um. „Das machen wir vielleicht nachher im Hotel, Schatz, nicht jetzt."

Sie warf ihm einen liebevollen Blick zu. „Was heißt ‚vielleicht'?"

Natürlich wusste sie, dass Alkohol verboten war, wenn man ein Fahrzeug führte, und dass dies auch für Boote galt. Zwar hätte sie zu gerne jetzt noch mit ihm einen Drink genossen, aber Johannes war ein verantwortungsvoller Mensch und wusste, was er tat. So hatte sie ihn zumindest bisher eingeschätzt. Zwischen ihm und der 19-Jährigen lag ein Altersunterschied von 10 Jahren, für sie ein weiterer Grund, ihm zu vertrauen. Außer, wenn sie sich stritten, was in einer Beziehung ja an sich normal war, doch da kam es ihr manchmal so vor, als wäre sie die Ältere. Johannes konnte stur wie ein Esel sein. Andererseits war das eine der Eigenschaften, die Jana an ihm auch reizvoll fand, wenn sich herausstellte, dass er gegen jede Wahrscheinlichkeit mit seiner Sturheit recht behalten hatte.

Während sie langsam aus dem Bett krabbelte, hörte sie ihn an Deck herumlaufen. Wahrscheinlich machte er gerade das Boot los. Mit Unbehagen registrierte sie den stärker werdenden Wellengang.

Sie zog ihren BH an und spähte dabei durch das einzige Bullauge, das die Kajüte besaß. Es war draußen kühl geworden, ihr Atem beschlug die kleine Scheibe, sie wischte sie mit dem Ärmel trocken und konnte nun gerade noch das sich entfernende Ufer erkennen. Sie waren also schon unterwegs.

Sie zog ihre restliche Kleidung an – eine graue Jogginghose, ihr gelbes Lieblingsshirt und darüber eine lange, warme Strickjacke. Nicht gerade passend für den Aperitif in der Hotel-Lounge, auf den sie sich schon freute. Sie würde sich dann im Hafen noch umziehen müssen. Wenigstens hielt die Sportkleidung sie auf See warm, und in High Heels und Cocktailkleid konnte man leicht über Bord gehen.

Während sie sich nach ihrem Handy ausstreckte, das noch auf dem Bett lag, wanderte ihr Blick noch einmal durch die Kajüte. Die Tür eines der Schränke, der normalerweise versperrt war, war nur angelehnt. Plötzlich fing das Boot unter ihren Füßen zu vibrieren an, dann wurde sie zurück auf das Bett gedrückt. Anscheinend hatte Johannes den Motor auf Vollgas hochgedreht.

Die Schranktür hatte dabei nachgegeben und stand nun halb offen. Dahinter glänzte ein Gegenstand. Jana machte zwei Schritte darauf zu und öffnete die Tür ganz. Da lag ein Paket, in Ölpapier verpackt und fest verschnürt, das sie noch nie gesehen hatte. Sie hob es vorsichtig hoch. Es war schwer. Dahinter lag eine Pistole. Jana erschrak und ließ das Paket wieder in den Schrank fallen. Es erschien ihr, als wäre der Krach kilometerweit zu hören gewesen. Sie lauschte einen Moment, da war nichts als das Brummen des Motors. Johannes hatte sicher nichts gehört.

Plötzlich vernahm sie einen kurzen Signalton, ein sanftes „Piep". Es schien aus Johannes' Jacke zu kommen, die in der Kajüte hing. Sie durchwühlte die Taschen und fand ein Handy. Offenbar war gerade eine SMS gekommen. Sie lautete nur „OK" und war die Antwort auf die Nachricht „Planänderung 1700", die Johannes eingetippt haben musste. Der Absender hieß „33".

Jana hatte Mühe, ihre Panik zu unterdrücken. Sie begann die steile Stiege zum Deck hinaufzuklettern und merkte, wie laut und schnell sie atmete. Jeder Schritt weiter hinauf machte ihr mehr Angst. In welche Geschichte war sie hier hineingeraten? Welche Rolle spielte sie dabei? Und welche Johannes? Konnte sie ihm noch vertrauen oder war es besser, einfach über Bord zu springen, solange sie das noch konnte? War noch jemand anderer auf dem Boot, vielleicht ein Komplize? Sie hielt ihr Handy wie eine Waffe in der Hand, um sich gegen einen möglichen Angreifer wehren zu können – zugleich wurde ihr bewusst, wie absurd und lächerlich das war.

Sie versuchte zur Besinnung zu kommen und überlegte krampfhaft, was denn am wahrscheinlichsten war. Vielleicht wollte sich Johannes einen Scherz mit ihr erlauben, dann hatte er ihren Humor aber eindeutig überschätzt. Oder er hatte Vergnügen daran, ihr Angst zu machen. Kaum hatte sie einen Fuß auf das Deck gesetzt, stürmte Johannes herbei. Instinktiv hob sie ihr Handy, um einen Angriff abzuwehren. „Schatz, wir müssen uns beeilen", sagte er nur und drängte sich an ihr vorbei die Treppe zur Kajüte hinunter.

Jetzt verstand Jana überhaupt nichts mehr,

sie stand verdattert da und wusste nicht, wie ihr geschah.

Schon war Johannes wieder nach oben gekommen und hatte das in Ölpapier verschnürte Päckchen in der Hand.

„Geh wieder nach unten", sagte er nur.

„Was ... tust du ... hier eigentlich?", stotterte Jana.

„Später, später, wir müssen uns beeilen", wiederholte er und hastete zum Steuerruder.

Nun wurde auch der Nebel immer dichter. „Fahren wir doch zurück ans Ufer!", rief sie ihm eindringlich zu, doch er reagierte auf ihre Worte nicht mehr. Dann wurde ihr bewusst, wie sinnlos dieser Wunsch war, denn sie mussten ja zum Hafen zurück. Sie hatte gedacht, sie seien schon mit Vollgas unterwegs, doch jetzt drückte Johannes den Gashebel bis zum Anschlag durch und beschleunigte das Boot so stark, dass es vorne hochging und sie beinahe umgefallen wäre. In Janas Kopf überschlugen sich tausend Gedanken.

Wir müssen schon fast in der Mitte des Sees sein, überlegte sie kurz. Der Nebel machte es aber unmöglich, die Position des Bootes einzuschätzen. Da blitzte in der Nebelwand plötzlich ein Lichtstrahl auf, ging aus, leuchtete erneut, drei oder vier Mal, dann erschien, wie aus dem Nichts, die Silhouette eines anderen Bootes, die rasch größer wurde.

Jana schrie Johannes an. „Was geht hier vor?"

„Du sollst verdammt nochmal nach unten gehen!", schrie er zurück.

Er ging abrupt vom Gas und ließ die Schraube verkehrt laufen, sodass Jana das Gleichgewicht verlor und kopfvoran auf das Deck prallte. Sie konnte sich gerade noch abstützen, aber ihr Kinn schlug hart auf dem Holz auf. Benommen nahm sie wahr, wie Johannes von hinten über sie drüberstieg und, ohne sich um sie zu kümmern, nach vorne zum Bug eilte. In der Hand hielt er das Paket.

Jana lag da und konnte keinen klaren Gedanken fassen. Sie hörte Stimmen, die laut riefen, auch Johannes brüllte etwas. Plötzlich ein lauter Knall, dann noch einer. Sie sah, wie sich Johannes an den Bauch griff und plötzlich ein weiteres Boot auftauchte, so schnell, dass es ihres beinahe rammte. Wieder Stimmengewirr, Rufe. Dann wurde ihr schwarz vor Augen.

Sie kam wieder zu sich, als sie noch immer auf den Planken lag und Johannes gerade dabei war, das Boot im Hafen festzumachen. Mühsam rappelte sie sich hoch. „Was war denn da los?", schrie sie mit aller Kraft, die sie noch hatte, Johannes an, der sich jetzt um sie bemühte. Da bemerkte sie, dass nicht nur seine Hände blutverschmiert waren, sondern dass auch der rote Kapuzenpullover dunkle Flecken hatte.

„Johannes, was ist los?", wiederholte sie und sah in sein kreidebleiches Gesicht. „Bitte, frag mich jetzt nicht", keuchte er, „Du musst sofort von Bord gehen und mir schwören, niemandem zu sagen, dass du hier gewesen bist, hörst du?"

Wie in Trance verließ Jana rasch das Boot

und den kleinen Hafen. Sie war noch keine hundert Meter entfernt, als sie eine Polizeisirene hörte und gleich darauf sah, wie Polizei und Rettung in das Hafengelände einbogen. Johannes kauerte auf dem Deck und winkte ihnen zu.

Seine Worte waren so beängstigend gewesen, dass sie sich nicht getraute, ihn anzurufen.

Den ganzen Abend wartete sie auf eine erlösende Nachricht von ihm. Vergebens.

Am nächsten Morgen kaufte sie auf dem Weg zur Arbeit eine Zeitung. Sie erstarrte. In dicken Lettern stand da:

„Drogendeal am ‚Schwarzen See'

Bei der fingierten Übergabe einer Drogenlieferung durch einen Zivilfahnder konnte der Kopf einer Drogenbande festgenommen werden. Der Fahnder wurde bei einem Schusswechsel schwer verletzt, es besteht keine Lebensgefahr."

Der Absturz

Den Kopf tief gesenkt, trottete Mario über den Friedhof. Immer, wenn er nachdenken musste, kam er hierher. In letzter Zeit war er fast täglich hier. Er musste sehr viel nachdenken.

Er war nun schon mehrere Monate arbeitslos, nachdem er bereits den zweiten Job innerhalb von zwei Jahren verloren hatte. Wie sollte das weitergehen? Zuerst der Alkohol, dann ohne Arbeit, nun wohl bald obdachlos. Die klassische Karriere eines, der sich aufgegeben hatte? Seine Frau jedenfalls hatte ihn aufgegeben. Sie konnte, wie sie so schön sagte, nicht dabei zusehen. Natürlich war es danach noch viel schneller bergab gegangen. Er trank zwar nicht mehr, schaffte es aber auch nicht, länger als ein paar Stunden konzentriert bei einer Sache zu bleiben.

Wer sollte ihn beschäftigen? Ersparnisse hatte er keine mehr. Seine Miete war viel zu hoch und sein Vermieter hatte eine Stundung abgelehnt. Oder hatte, besser gesagt, gar nicht auf seine Bitte reagiert. Sicherlich würde ihm auch niemand eine billigere Wohnung geben, es reichte ja nicht einmal für die Kaution. Jetzt blieb er die Miete einfach schuldig, antwortete nicht auf Mahnbriefe und erwartete jeden Tag die Delogierung.

Ein Geräusch ließ ihn kurz den Kopf heben. Eine alte Frau machte sich in einiger Entfernung gerade mit einer Gießkanne in der

Hand auf den Weg zum nächsten Wasser-hahn. Von dort, wo er sich gerade befand, konnte er auch das Grab sehen. Ein einfa-cher viereckiger Grabstein, eine Laterne, ein grasbewachsener Grabhügel, auf dem ein paar Blumen gepflanzt waren. Und da-neben die Handtasche, welche die Frau dort stehen gelassen hatte, als sie Wasser holen ging.

Wie hypnotisiert starrte er auf die Tasche. Es musste Geld darin sein. Er brauchte Geld. Instinktiv, ohne weiter nachzuden-ken, vergewisserte er sich, ob er unbeo-bachtet war, ging zum Grab hinüber, ergriff die Tasche und eilte mit großen, gleichmä-ßigen Schritten davon. Man sollte nicht auf ihn aufmerksam werden. Er blieb erst ste-hen, nachdem er den Friedhof verlassen hatte. Noch außer Atem öffnete er die Tasche und durchwühlte sie hastig. Außer einer Geldbörse, einem Schlüsselbund, Taschentüchern und einem Kamm war nichts drinnen. Er öffnete die Geldbörse. Sie enthielt einen Fünf-Euro-Schein und ein paar Münzen. In einem Seitenfach waren drei Visitenkarten. „Schei...", entfuhr es ihm.

Sein Kopf hämmerte wie verrückt. Er war also wegen fünf Euro kriminell geworden. So schnell ging das.

Seine Gedanken fuhren Karussell. Was sollte er tun? Zum Grab zurückgehen oder die Tasche zur Polizei bringen? Er verwarf diese Möglichkeiten sofort, beide würden nur Probleme bedeuten.

Er untersuchte die Visitenkarten genauer. Sie waren identisch, mussten also der Dame gehören. Die Adresse befand sich ganz in der Nähe.

„Ich bin schon so weit gegangen, jetzt zieh'
ich das durch", sagte er zu sich und machte
sich rasch auf den Weg. Doch je näher er
der Adresse kam, desto unsicherer wurde
er. Vielleicht hatte ihn ja doch jemand beo-
bachtet? Außerdem musste die Frau das
Fehlen der Tasche schon bemerkt haben.
Wieviel Zeit blieb ihm, bis sie zurückkehrte?

Dann beruhigte er sich selbst. Es würde ei-
ne Weile dauern, bis sie hier auftauchte,
erst musste sie Hilfe holen, bei der Polizei
oder bei Verwandten. Ein Mobiltelefon hat-
te sich weder in der Tasche noch beim Grab
befunden, also besaß sie wohl keines oder
sie hatte es nicht mitgenommen. Wenn sie
zuhause eintraf, würde er schon über alle
Berge sein.

Da stand er auch schon vor dem Haus. Eine Wohnanlage, die aus der Zeit vor dem 2. Weltkrieg stammte, mit seinen Eltern hatte er in so einer gelebt. Nach seiner Erfahrung enthielt sie nur kleine Wohnungen.

Die Tür Nr. 5 musste sich im ersten Stock befinden. Vorsichtig öffnete er die Haustür und stieg die Treppe hoch, Aufzug gab es keinen. Im Treppenhaus roch es nach Kohl vom Vortag. Links von der Treppe war Nr. 5. Gleich der erste Schlüssel, den er probierte, passte.

Die Wohnung war klein, wie er vermutet hatte. Ein kurzer Gang, der in ein Zimmer führte und von dem aus sich eine Seitentür zur Küche öffnete, sonst nichts. Aber alles blitzsauber aufgeräumt. Es roch nach Lavendel. Von der Küche erwartete er sich nichts, er ging direkt ins Wohnzimmer, das auch gleichzeitig das Schlafzimmer war. Sie besaß ein Klappbett, das man tagsüber in einem Schrank verstecken konnte. Jetzt war es allerdings heruntergeklappt. Er selbst hatte als Kind in so einem Bett geschlafen. Auf einem Kleiderschrank standen viele Fotos und eine kleine Kaminuhr. Es gab einen Esstisch und vier Stühle, auf einer Kommode stand ein kleiner Fernseher, daneben eine Vase mit Blumen. Ein Ohrensessel machte die Einrichtung komplett.

Er musste sich beeilen. Hastig öffnete er den Schrank. Rechts hingen Kleider, links gab es mehrere Regalbretter, die sauber gefaltete Wäsche enthielten, und eine Schublade. Die zog er heraus und begann die Papiere, die vorn lagen, nach Bargeld zu durchwühlen. Fehlanzeige. Ganz hinten befand sich eine Kassette aus Metall. Er hob sie aus der Lade und stellte sie auf den Tisch. Sie war versperrt, das Schlüsselloch leer. Ihm fiel der Schlüsselbund ein, er nahm ihn zu Hand und untersuchte ihn. Da hing tatsächlich auch ein kleiner Schlüssel, der passte.

Doch der erste Blick war ernüchternd: Schmuck von der billigsten Sorte, teilweise sogar aus Plastik. Als er den Einsatz herausnahm, schlug sein Herz schneller: Darunter lag ein Sparbuch. Er riss es aus der Hülle und blätterte gierig nach der Seite mit dem letzten Eintrag: immerhin, ein paar hundert Euro. Das würde reichen, um eine Miete zu bezahlen. Da fiel sein Blick auf einen Vermerk, der seinen Mut wieder sinken ließ –

„Klausel", stand hier, man musste ein Losungswort angeben. Wie sollte er das erraten? Sie hatte ihm nicht den Gefallen getan, einen Hinweis im Buch zu hinterlassen.

Es lag noch ein Stoß Briefe in der Kassette. Er blätterte sie kurz durch, ob nicht etwa ein Geldschein dazwischen verborgen war. Nichts. Schon wollte er den Einsatz mit dem Schmuck wieder hineingeben, als er auf dem obersten Brief die Anrede „Liebe Mutter …" las. Nein, keine Zeit für Sentimentalität, er suchte Geld und keine Lebensgeschichten. Doch eine innere Stimme veranlasste ihn, den Brief zur Hand zu nehmen – vielleicht das kalte Kalkül, dass darin ein Hinweis auf das Losungswort zu finden sei. Aber da war noch etwas anderes, Stärkeres. „Liebe Mutter, ich hoffe, es geht dir gut. Es tut mir schrecklich leid, dass ich nicht zur Beerdigung vom Vater kommen konnte. Vermutlich wird es auch zu Weihnachten nicht klappen. Doris und den Kindern geht es gut und sie würden sich freuen, einmal ihre Oma kennenzulernen. Ich habe dir eine Karte beigelegt, da steht meine neue Telefonnummer darauf. Wenn du etwas brauchst, melde dich ..."

Der letzte Teil des Briefes war durch Wasserflecken unleserlich geworden. Nur den Schluss konnte er noch lesen:

„Viele Grüße und Küsse, Martin."

Mario saß still da, den Brief vor sich, und wie ein Film lief sein Leben vor ihm ab. Wie oft hatte er seine Mutter nach dem Tod des Vaters besucht, als er noch seine gut bezahlte Position als Buchhalter innegehabt hatte – vielbeschäftigt, anspruchsvoll, ungeduldig, naserümpfend, weil sie alles dreimal erzählte?

Vielleicht zweimal im Jahr. Die früher übliche gemeinsame Weihnachtsfeier hatte er bald einmal ausfallen lassen, weil es ja viel hipper war, Weihnachten auf den Seychellen zu verbringen, während seine Mutter in ihrer kleinen Wohnung vor dem Fernseher saß.

Plötzlich schlug die kleine Kaminuhr auf dem Schrank zur vollen Stunde. Erschrocken fuhr Mario hoch.

Es wurde Zeit, hier schleunigst zu verschwinden. „Was tun, was tun?", hämmerte es in seinem Kopf.

Er gab den Gedanken, das Sparbuch mitzunehmen, auf, warf es zusammen mit dem

Brief zurück in die Kassette, gab den Einsatz darauf und stellte die Kassette versperrt wieder an ihren Platz. Er nahm die Handtasche, sperrte hastig die Wohnung ab und verließ fluchtartig das Haus.

Nach einigen Schritten drehte er sich um und sah, wie die alte Dame aus einem Polizeiauto stieg.

„Das ist ja noch einmal gut gegangen", stellte er fest und bog rasch um die Ecke.

Er ließ den Schlüsselbund in die Tasche fallen und ging direkt in das Wachzimmer, das sich nur zwei Gassen weiter befand. Dort gab er an, dass er die Tasche neben einem Grabstein unbeaufsichtigt vorgefunden und sie in Sicherheit gebracht habe – es werde ja so viel gestohlen heutzutage. Das sei seine Pflicht als wachsamer Bürger gewesen.

Die Polizistin erklärte, sie habe soeben die Diebstahlsanzeige einer alten Dame aufgenommen, der die Handtasche auf dem Friedhof gestohlen worden sei.

Sie rief die Streife an, mit der die Frau gerade nachhause gefahren war. Die Beamten kämen mit der Frau gleich wieder zur Wache zurück, sagte sie dann, er solle solange hier warten.

„Muss das sein?", fragte Mario, dem die Sache jetzt langsam zu heiß wurde.

Ob die Frau ihn auf dem Gehsteig vor dem Haus gesehen hatte? Er musste, ohne es zu bemerken, an dem Polizeiauto vorbeigelaufen sein. Andererseits – dann hätte sie wohl auch die Tasche gesehen und die Polizisten darauf aufmerksam gemacht. Da kamen die drei auch schon zur Tür herein.

„Ist das ihre Tasche?", fragte die Beamtin die alte Dame.

„Ja", sagte diese überglücklich.

„Hier ist der ehrliche Finder!" Die Polizistin deutete auf Mario.

Die alte Dame wandte sich Mario zu, reichte ihm die Hand und sagte: „Ich danke Ihnen von ganzem Herzen, junger Mann." Er sah, dass sie Tränen in den Augen hatte, und musste schlucken. Unsicher und verlegen erwiderte er den Händedruck. In die Augen konnte er ihr nicht sehen.

„Gern geschehen", flüsterte er. Unwillkürlich, von sich selbst überrascht, fragte er dann: „Darf ich Sie nachhause bringen?"

„Gerne", antwortete sie und dachte dabei, was für eine Ähnlichkeit, er ist Martin wie aus dem Gesicht geschnitten.

Auf der Straße hängte sie sich bei Mario ein. „Es ist schön, wieder mit jemandem spazieren zu gehen."

Während des kurzen Weges bombardierte sie Mario mit Fragen. Wo und wie er die Tasche denn gefunden habe. Sie sei doch nur kurz Wasser holen gegangen.

Er habe niemanden gesehen, beteuerte Mario.

Er konnte einfach nicht anders, log er, als sie mitzunehmen und auf die Polizei zu bringen.

„Du hast mich gar nicht gefragt, wo ich wohne, und bist zielstrebig hierher gegangen", bemerkte die alte Dame, als sie vor dem Haus standen, und sah Mario prüfend an. Dass sie ihn plötzlich duzte, fiel Mario gar nicht auf.

„Die Polizistin hat den Inhalt der Tasche protokolliert", flunkerte er.

„Die Adresse stand auf den Visitenkarten." Wenn man schon lügt, dachte er, dann nicht mehr als absolut nötig.

Die alte Dame sah ihn lange schweigend an.

„Pass auf dich auf, mein Junge!" sagte sie dann und drückte Mario eine ihrer Visitenkarten in die Hand.

„Vielleicht besuchst du mich einmal, ruf einfach an."

Jetzt war es Mario, dem die Tränen kamen.

„Gerne", flüsterte er.

Dann ging er davon, ohne sich noch einmal umzuwenden.

Weitere Kurzgeschichten des Autors

 Begegnungen
ISBN 9783750499522

Leseprobe:

Flirt-LIne

Für mich gab es nichts Schöneres, als morgens von wärmenden Sonnenstrahlen geweckt zu werden. Na ja, fast nichts. Das Dumme daran war nur, das Vergnügen dauerte nie lang. Ich machte mich deshalb wieder auf zu meiner Mission „Wildes Singleleben", um eine Alternative zu finden, die mich aus dem Schlaf holen konnte.

Diesmal zum Date mit Veronika. Ich hatte sie wieder auf dem Datingportal gefunden, dem ich schon einige Begegnungen der unterschiedlichsten Art verdankte.

Veronika hatte mich in ein kleines Städtchen bestellt, zwei Autostunden entfernt. Malerisch sah es aus, Fachwerkhäuser, gepflegte, bunte Vorgärten und kleine Geschäfte und Handwerksbetriebe. Ich konnte mir schlimmere Orte vorstellen, um alt zu werden. Vielleicht konnte ich hier eine Werbeagentur eröffnen und Veronika würde unsere Kinder im Fachwerkhaus …

„Stopp!", rief ich mich zur Ordnung, ich durfte auf keinen Fall gleich größenwahnsinnig werden, nur weil mich eine Veronika im Internet angeflirtet hatte, auch wenn das so offen nicht allzu oft vorkam.

Menschen sind eben
auch nur Menschen

ISBN 9783750470293

Leseprobe:

Eine glatte 12

„Gott hat ein Einsehen mit mir", frohlockte
Sebastian. Er liebte Blondinen.

Die Dürrezeit schien vorbei zu sein. Aus
Angst, gleich völligen Blödsinn zu reden,
nickte er nur kurz und küsste den beiden
theatralisch, in dieser Situation etwas zu
übertrieben, die Hand. Annatina kicherte.

„Aus welcher Zeitmaschine bist denn du
daher gekommen", fragte sie augenzwin-

kernd mit einem deutlichen Schweizer Akzent.

„Aus der Tanzschule", antwortete Sebastian und lachte, auch deswegen, weil er seine Schlagfertigkeit wiedergefunden hatte. „Seit wann bist du in Wien?", fragte er. „Seit dem Samstag. Tolle Stadt. Simon hat mich ein klein wenig herumgeführt." Zeit, seine Angel auszuwerfen. „Und warst du schon im Bermudadreieck? Könnte dir da ein paar Geheimtipps zeigen", lächelte er vielsagend. „Die berühmte Partymeile, ja klar", grinste Annatina übers ganze Gesicht, „Da waren wir gleich Samstag Abend, gell, Simon?" Simon bestätigte das, ebenfalls mit einem Grinsen, das vom Terrassenfenster bis zum Horizont reichte. Sebastian sah schon seine Felle davonschwimmen, als Annatina fragte: „Und was machst du in

Wien?"

„Sebastian arbeitet in der Filmbranche",
sagte Simon.

„Echt! Cool, kennst du schon viele Pro-
mis?", fragte Annatina. Sie war sichtlich
beeindruckt. Jetzt war der Moment ge-
kommen. Sebastian musste seinen ersten
Schuss auf die 12 abgeben, sollte seine Jagd
erfolgreich sein. Er war zwar nur Produkti-
onsassistent, aber das spielte jetzt keine
Rolle.

„Wir haben die österreichischen Szenen
von ‚Mission Impossible' mitproduziert",
sagte er stolz.

„Was, dann kennst du ...?"
Annatinas Augen wurden groß, fast wie bei
einer Manga-Figur. Sebastian lachte in sich
hinein. „Naja, könnte man fast sagen", gab
er sich geheimnisvoll.